입체도형으로 수학왕이 된 앨리스

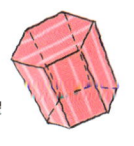
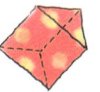

초등 5·6학년 수학동화 시리즈 ❷
입체도형으로 수학왕이 된 앨리스(개정판)

3판 2쇄 발행 2025년 9월 28일

글쓴이   계영희
그린이   오정조

펴낸이   이경민
펴낸곳   ㈜동아엠앤비
출판등록   2014년 3월 28일(제25100-2014-000025호)
홈페이지   www.moongchibooks.com
주소   (03972) 서울특별시 마포구 월드컵북로22길 21, 2층
전화   (편집) 02-392-6901 (마케팅) 02-392-6900
팩스   02-392-6902
전자우편   damnb0401@naver.com
SNS

ISBN 979-11-6363-767-7 (74410)
      979-11-6363-735-6 (세트)

※ 책 가격은 뒤표지에 있습니다.
※ 잘못된 책은 구입한 곳에서 바꿔 드립니다.

도서출판 뭉치는 ㈜동아엠앤비의 어린이 출판 브랜드로, 아이들의 지식을 단단하게 만들어 주고, 아이들의 창의력과 사고력을 키워 주어 우리 자녀들이 융합형 창의 사고뭉치로 성장할 수 있도록 좋은 책을 만들겠습니다.

추천의 글

　과학기술의 발전으로 급격히 변화하는 시대에 우리 자녀들을 창의력과 사고력을 갖춘 아이로 키우기 위해서는 어떻게 해야 할까요?

　2022년 수능부터 문과의 사회탐구영역(사탐)과 이과의 과학탐구영역(과탐)으로 구분되던 문이과 구분이 없어지고, 이 둘이 탐구영역 하나로 통합되어 최초로 시행되었습니다. 통합과목이 도입된 이유는 인문 계열 학생이 과학 교과를 소홀히 하고, 자연 계열 학생이 사회 교과를 소홀히 하는 현실을 바꾸기 위함입니다. 이에 따라 과정 중심의 평가가 이루어져 고교 수업에서 토의와 토론, 프로젝트, 탐구 등 활동 중심 수업의 중요성이 강조되고 있습니다.

　이러한 문·이과 통합 교육과정에 대비하기 위해서는 통합 교육과정을 소화할 수 있도록 초등학생 때부터 통합 사고력을 키워야 합니다. 〈초등 5·6학년 수학동화〉 시리즈는 이러한 교육과정에 대비한 스토리텔링 수학동화입니다. 스토리텔링 수학동화는 수리적인 우뇌와 언어 영역인 좌뇌의 성장을 골고루 촉진시켜 학습이 이루어지는 시냅스의 연결망에 흔적을 남기고, 훗날 교과서에서 배울 때 시냅스의 연결망이 자연스레 작동을 하게 해 사고력 신장에 강력한 도구라고 할 수 있습니다.

　흔히들 수학은 대단히 재미있고 매력적인 학문이라고 생각하지만, 어려운 기호와 수식들 때문에 많은 학생들이 수학을 어려워하고 심지어는 금방 포기해 버리는 경우가 많습니다. 〈초등 5·6학년 수학동화〉 시리즈는 『이상

『한 나라의 앨리스』, 『보물섬』, 『일리아드와 오디세이』, 『15소년 표류기』, 『로미오와 줄리엣』 등 널리 알려진 고전 속 주인공들이 등장하는 재미있는 스토리텔링 동화로 이해하기 어려운 수학 문제들도 다시 살펴보게 하여 여러분을 신비한 수학의 세계로 안내할 것입니다. 호기심, 상상, 문제 해결 등이 어우러지는 〈초등 5·6학년 수학동화〉 시리즈 속 주인공들의 모습은 바로 수학의 모습과 같습니다. 당장의 결과에 연연하지 말고, 아이들이 여유를 가지고 수학을 만나게 하면 어떨까요? 아이들이 수학을 즐거워하면 더 바랄 것이 없겠으나, 수학을 싫어하거나 포기하지 않는다면 성공이 아닐까요? 이를 위해 아이들이 수학을 의식하지 않고 '스토리텔링'을 통해 수학을 편하게 만나게 하는 것은 해 봄직한 시도라고 생각합니다. 이 책이 바로 그러한 시도를 합니다.

〈초등 5·6학년 수학동화〉 시리즈 속 주인공들의 다음 여행을 기다리며, 자녀와 학부모에게 수학적으로 소통할 수 있는 가교의 역할을 하길 기대하면서 이 책을 추천합니다.

신현용
한국교원대학교 수학교육과 명예교수
2012년 ICME(국제수학교육대회) 조직위원장

작가의 말

　최근 화두는 챗 GPT, 생성형 AI, 자율주행차 등이다. 이렇게 변화가 극심한 시대에 우리 자녀들을 어떻게 창의력과 사고력을 갖춘 아이로 키울 수 있을까? 대한민국의 학부모들은 물론이거니와 전 세계 학부모들도 마찬가지로 고민하는 공통점일 것 같다.

　2012년 1월 교육과학기술부는 사고력과 창의력을 키우고, 수학에 대한 흥미와 긍정적 인식을 높이기 위한 수학교육 선진화 방안의 일환으로 '스토리텔링 수학'을 도입하였다. 스토리텔링 수학의 핵심은 수학을 단순히 연산능력이나 공식 암기로 생각하지 않도록 이야기를 활용해 쉽고 재미있게 배운다는 것이다. 이후 2022 개정 교육과정이 발표되었다. 개정 교육과정에서 초중등 수학의 목표는 '초등과 중등의 연계성 강화'이다. 이를 위해 교과 영역을 통합하고 과정을 간소화했다. 즉 크게 수와 연산, 변화와 관계, 도형과 측정, 자료와 가능성 등 4개 영역으로 통합하였다. 하지만 여전히 단원 시작은 스토리텔링을 통해 학생들의 호기심과 흥미를 유발한다. 아직도 수학에서 스토리텔링은 유효하다. 창의력과 사고력 신장에는 가장 강력한 무기라고 말할 수밖에 없다. 교육과정의 변화에 상관없이 필자는 일찍이 스토리텔링 수학을 주장해 왔다.

　이 책은 고전 속 주인공을 등장시켜 초등 수학 교과를 쉽게 접근하고자 야심 찬 포부를 가지고 시도한 〈초등 5·6학년 수학동화〉 시리즈이다. 초등 수학 교과에 고전 속 주인공 앨리스를 초대하여 함께 이야기 속으로 들어간다. 어려운 상황을 만나도 좌절하지 않고 창의력을 발휘하는 앨리스, 1600년 전 최초의 여성 수학자로 역사에 길이 남은 히파티아와 동행하면서 함께 도전하다 보면 나도 모르게 수학의 세계에 성큼 다가가게 된다. 필자의 전략은 수포자(수학을 포기한 자)가 수신자(수학을 신나게 하는 자)로 바뀌는 경험을 하도록 도와주는 것이었다. 수학 때문에 힘들어하는 아이들이 이 책을 놓으며 "완전 재밌는 책이야"라고 소리를 지르는 모습을 상상한다. 그 모습을 바라보는 학부모들의 입가에 빙그레 미소가 번지는 모습을 기대하면서 집필했다.

　수학 때문에 조급해하는 학부모를 위해 한 가지 조언을 하고 싶다. 중국 극동 지방에 서식하는 '모소 대나무' 이야기다. 이 대나무는 특이하게도 4년 동안 3cm밖에 자라지 못한다고 한다. 그러나 5년째로 돌입하면 하루에 30cm씩 고속 성장을 해 6주에 자그마치 15m의 거대한 대나무로 성장한다는 것이다. 빽빽한 숲을 이루는 튼실한 모소 대나무를 성장이 멈춘 것 같다고 3년 만에 파 버렸다면 어찌 되었을까? 아니 4년 만에 파 버렸더라면? 우리 아이도 모소 대나무처럼 깊고 넓게 뿌리내리며 기다리다가 성장점에 이르면 급성장하는 대기만성형 아이일지 모른다. 미국에서는 부모가 단지 수학에 관심을 가졌다는 사실만으로도 아이들의 수학 성적이 올랐다는 실험 결과가 있다. 수학동화의 재밌는 스토리는 아이의 의식에, 또 무의식에 차곡차곡 쌓여 언젠가는 제 역할을 할 것이라고 믿는다. 사고력으로 또는 창의력으로 말이다.

수학 교과서에 맞는 활용법

 2012년 1월 교육과학기술부는 사고력과 창의력을 키우고, 수학에 대한 흥미와 긍정적 인식을 높이기 위한 〈수학교육 선진화 방안〉을 발표하였습니다. 이 수학교육 선진화 방안의 일환으로 '스토리텔링 수학'이 도입되고 2013년부터 2015년까지 순차적으로 초등학교와 중학교 교과서가 개정되었습니다. 한편 2022년 개정 수학교과 과정에서는 수와 연산, 변화와 관계, 도형과 측정, 자료와 가능성 등 4개 영역으로 통합하였습니다. 이는 초등과 중등의 연계성 강화입니다. 이 시리즈는 교과 과정 변화에도 공통적으로 성취해야 할 수학 학습 내용이 모두 들어 있습니다. 또한 여전히 개정 수학교과의 단원 시작은 스토리텔링을 통해 학생들의 호기심과 흥미를 유발합니다.

 스토리텔링 수학의 핵심은 수학을 단순히 연산능력이나 공식 암기로 생각하지 않도록 이야기를 활용해 쉽고 재미있게 배운다는 것입니다. 학생들에게 실생활이나 동화의 익숙한 상황을 제시해 수학에 대해 호기심과 흥미를 유발할 뿐 아니라, 더 나아가 수학에 대한 인식을 개선하고 스스로 학습하는 동기를 부여합니다. 예를 들어 수학을 실생활에서 이야기나 과학, 음악, 미술 등의 연계 과목과 함께 접목해 설명하면서 개념을 보다 쉽게 이해하게 하는 학습법입니다.

 그럼 스토리텔링 수학은 어떻게 준비해야 할까요? 전문가들은 일상에서 수학적 요소를 파악하는 것에 재미를 느낄 수 있도록 체험 활동과 독서 활동을 추천합니다. 〈초등 5·6학년 수학동화〉 시리즈는 이러한 수학교육의 변화에 맞춘 학습 동화입니다. 아이들에게 익숙한 고전 속 주인공들의 이야기를 따라가다 보면 자연스럽게 학습 내용을 익히도록 구성되었고, 한 장이 끝날 때마다 앞에서 배운 내용들을 정리할 수 있습니다. 책 속 부록인 '미술에서 수학 읽기', '생활에서 수학 읽기', '예술에서 수학 읽기' 등은 생활 연계 통합교과형 수학에 부합하도록 구성되어 있습니다.

　〈초등 5·6학년 수학동화〉 시리즈는 수학을 좀 더 재미있고 쉽게 배울 수 있는 최적의 수학동화 시리즈입니다. 고전 속 주인공들과 함께 신나는 모험을 떠나 보세요. 그러면 자신도 모르는 사이에 수학 개념과 문제 해결 방법을 깨닫고 수학에 흥미를 가지게 될 것입니다.

편집부

차례

추천의 글 · 4
작가의 말 · 6
수학 교과서에 맞는 활용법 · 8
친구들을 소개할게요 · 10

이야기 1

이상한 수학나라에 떨어진 앨리스 · 14
히파티아가 들려주는 생활 속 수학 이야기 · 36

이야기 2

미션! 퀴즈를 풀어라 · 42
히파티아가 들려주는 생활 속 수학 이야기 · 66

이야기 3

새콤달콤 맛의 입체도형 버섯 · 72
히파티아가 들려주는 생활 속 수학 이야기 · 96

이야기 4

하트여왕이 낸 문제를 푼 앨리스 · 100
히파티아가 들려주는 생활 속 수학 이야기 · 125

이야기 5

수학왕이 된 앨리스 · 130
히파티아가 들려주는 생활 속 수학 이야기 · 164

이야기 1

이상한 수학나라에 떨어진 앨리스

앨리스는 책을 열심히 들여다보는 언니와 함께 시냇가 옆 나무 그늘 아래에 앉아 있었어요. 책을 한 번 펼쳐 들더니 꼼짝하지 않는 언니가 신기해서 어떤 책인지 궁금해 슬쩍 책을 들여다보니, 그림도 하나 없이 글만 빼곡했지요. 실망한 앨리스는 지루함을 참지 못하고 깜박 졸기 시작했어요.

얼마나 지났을까. 졸다가 깬 앨리스가 고개를 들어 언니를 바라보자, 언니는 아직도 책을 읽고 있었어요.

'누가 독서광 우리 언니를 말리겠어!'

그런데 뭔가 이상해서 다시 보니 언니 얼굴이 아니지 않겠어요? 잠이 덜 깼나 싶어 눈을 비비고 다시 쳐다봤더니 다른 사람이었어요. 나이는 많았지만 상당한 미인이었죠.

책을 힐끔 들여다보니, 글로 빼곡하던 책도 이상한 도형과 수식이 가득 적혀 있는 책으로 바뀌어 있었어요.

"앨리스, 많이 놀란 모양이군. 난 히파티아라고 해."

"히파티아라고요? 그럼 저희 언니는 어디로 갔나요?"

히파티아는 환한 미소를 지으며 말했어요.

"언니는 책을 읽고 나서 너를 깨우다 지쳐서 집에 갔어."
"그러고 보니 처음 뵙는 분 같은데, 죄송하지만 누구세요?"
"난 370년에 태어난 최초의 여성 수학자야."
"말도 안 돼요. 저는 21세기 사람인데 어떻게 4세기의 당신과 대화를 해요? 언니 옆에서 심심해서 잠시 졸았을 뿐인데, 이게 꿈인가?"
"아니야, 내가 타임머신을 타고 심심해하는 널 만나러 온 거야."
앨리스는 히파티아가 하는 말을 도무지 이해할 수 없었어요.
바로 그때 전동 외발자전거를 타고 달려가던 흰토끼 한 마리가 잠시 멈추어 서더니 손목의 스마트 시계를 들여다보며 말을 하는 게 아니겠어요?
"아이고 맙소사. 아무 생각 없이 속도를 즐기다가 너무 멀리 와 버렸잖아!"
말을 마치고 나서 토끼는 들판을 가로질러 달려갔어요.

"헉. 세상에 토끼가 말을 하다니! 대~박! 내가 갖고 싶어 하던 최첨단 시계에, 전동 외발자전거까지!"

말하는 흰토끼를 보고 놀란 앨리스는 자기도 모르게 무작정 흰토끼를 쫓아갔어요.

얼마 지나지 않아 긴 터널 입구가 눈앞에 펼쳐졌어요. 앨리스는 아무 망설임 없이 어두운 터널 안으로 들어갔지요. 그런데 터널에 들어서자마자, 휘리릭 빨려 들어가지 않겠어요?

'으악~. 이렇게 오랫동안 터널을 뚫고 들어가면 산 너머 한 번도 가 본 적 없는 동네에 도착하는 건 아닐까? 이러다 길을 잃어 버려 다시 돌아가지 못하게 되는 건 아닐까?'

이런저런 걱정이 밀려와 불안해지기 시작했는데, 그 순간 앞서 가던 토끼의 뒷모습이 조그맣게 보였어요.
"토끼야~ 조금만 속도를 줄여 줘. 나랑 같이 가자!"
마침내 앞서 달리던 토끼가 급제동을 하더니 문을 열고 들어가 버렸어요. 앨리스도 따라 들어가려고 했더니 입구에 표지판이 있었어요.

키 100cm
이하만
통과 가능

"어~ 평소 엄마를 닮아 키가 작다고 투정 부렸는데, 어떡하지? 내 키가 너무 커서 들어갈 수가 없다니. 아니야, 몸을 구부려서 들어가면 될 거야!"

허리를 숙여 통과하려는데 갑자기 소란스런 경보음이 울렸어요.

"삐! 삐~~!"

이렇게 시간을 허비하다가는 토끼를 놓치고 말 것만 같았어요. 발을 동동 구르던 앨리스는 주위를 둘러보다 안내데스크에 투명한 주사위 모양의 상자가 있는 것을 발견했어요. 상자 옆에 '퀴즈를 풀어 봐. 성공하면 몸이 작아질 거야. 도전하려면 주사위를 던지면 돼'라는 안내문이 적혀 있었어요.

'퀴즈를 맞힌다고 키가 정말 작아질까?'

앨리스가 고민하고 있는데 언제 따라왔는지 등 뒤에서 수학자, 아니 히파티아의 목소리가 들려 왔어요.

"뭘 망설여. 그러다 토끼를 영영 놓칠지도 모르는데!"

"문제가 어렵지 않을까요?"

"너무 어려우면 나에게 찬스를 외쳐. 그럼 도와줄게."

반신반의하던 앨리스는 '그래. 못 푼다고 손해 보는 건 아니니까, 한 번 풀어보자.' 하고 결심했어요.

'주사위가 어디 있지' 하고 두리번거리다가 테이블을 바라보니 지금껏 한 번도 본 적 없는 기이한 주사위가 있었어요. 주사위를 보는 순간 퀴즈를 성공하면 키가 줄어들 것 같다는 생각이 들었어요.

주사위를 힘껏 던졌더니 수 '7'이 나왔어요. 바로 그 순간 전광판에 문제가 나타났어요.

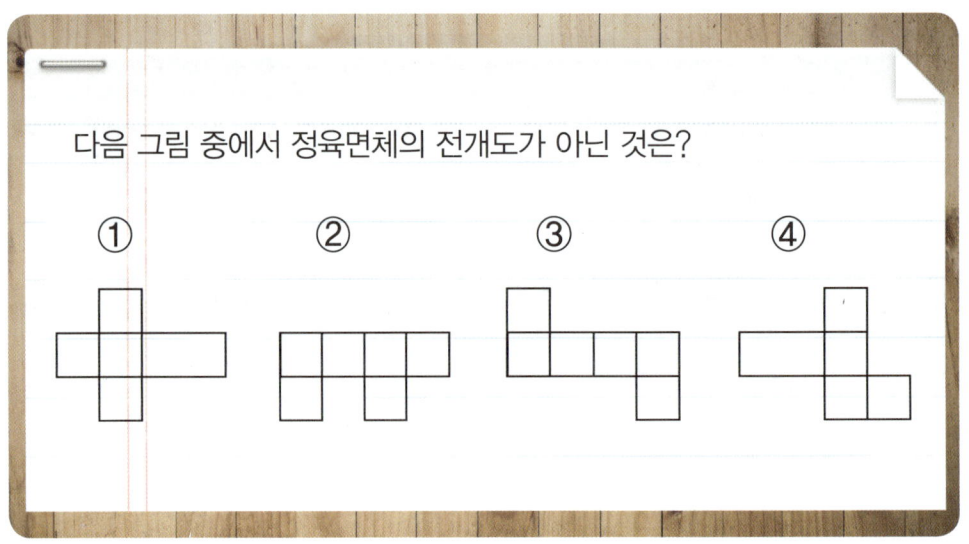

"전개도는 입체도형을 펼쳤을 때의 모양이니까 면이 모두 6개이고, 전개도를 입체도형으로 접었을 때 겹치는 면이 없어야 하는데 ②번은 두 면이 포개어지므로 틀렸어."

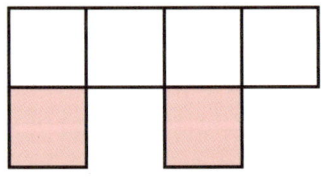

자신 있게 큰 목소리로 "정답은 2번!" 하고 외치는 순간, 전광판에 'pass'라는 문구가 나타나더니 정말로 앨리스의 키가 쑥쑥 줄어

들었어요.

"우와~ 신기해. 진짜로 키가 줄어들다니."

앨리스는 기뻐하며 토끼를 쫓아가기 위해 문을 열고 들어갔어요. 그런데 문을 여는 순간 상자 모양의 직사각형 방이 나오는 게 아니겠어요?

모서리에 불빛이 반짝반짝 들어오더니 묘한 기계음 같은 목소리의 방송이 흘러나왔어요.

"환영한다. 앨리스! 이상한 수학나라의 입구를 통과했군. 이제 앞으로 네가 평소 딱딱하고 재미없다고 싫어했던 수학을 즐기게 될 거야. 물론 그 전에 퀴즈를 하나씩 풀어야 하지만."

"수학 퀴즈를 풀어야 된다고요? 차라리 그냥 돌아갈래요."

"아니, 입구로는 나갈 수가 없어."

"뭐라고요, 돌아갈 수 없다고요?"

"아니, 돌아갈 수 없는 게 아니라 입구와 출구가 다르다고. 앨리스, 넌 놀이동산도 안 가 봤니?"

"그럼 그냥 돈을 내고 자유이용권을 살래요."

"여기서는 돈을 내고 이용하는 게 아니라, 수학 퀴즈를 풀어야 해!"

"저 솔직히 수학은 별로 자신이 없거든요."

'토끼를 쫓아가야 하는데 이러다 놓치겠는걸.'

혼잣말을 하는데 누군가의 부드러운 손이 앨리스의 손을 꼭 잡았어요. 놀라서 고개를 획 돌리자, 어느새 히파티아가 앨리스 곁에 와 있었어요.

"휴~. 너 생각보다 달리기를 잘하는구나. 롱드레스를 입고 너를 쫓으려니 숨이 막혀 죽는 줄 알았어. 그동안 연구에 몰두하느라 운동을 한동안 쉬었더니 몸이 예전 같지 않군."

히파티아는 오른손에 들려 있던 긴 치맛자락을 내려놓으며 헥헥 숨을 골랐어요.

"앨리스, 고난이도 퀴즈가 나오면 내게 SOS를 외치렴. 그럼 도와 줄 테니. 빨리 하지 않으면 토끼를 놓치겠어."

"네, 알겠어요."

앨리스가 "도전!"을 외치자 바닥면에 불빛이 들어오면서 맞은편 벽면에 퀴즈가 나타났어요.

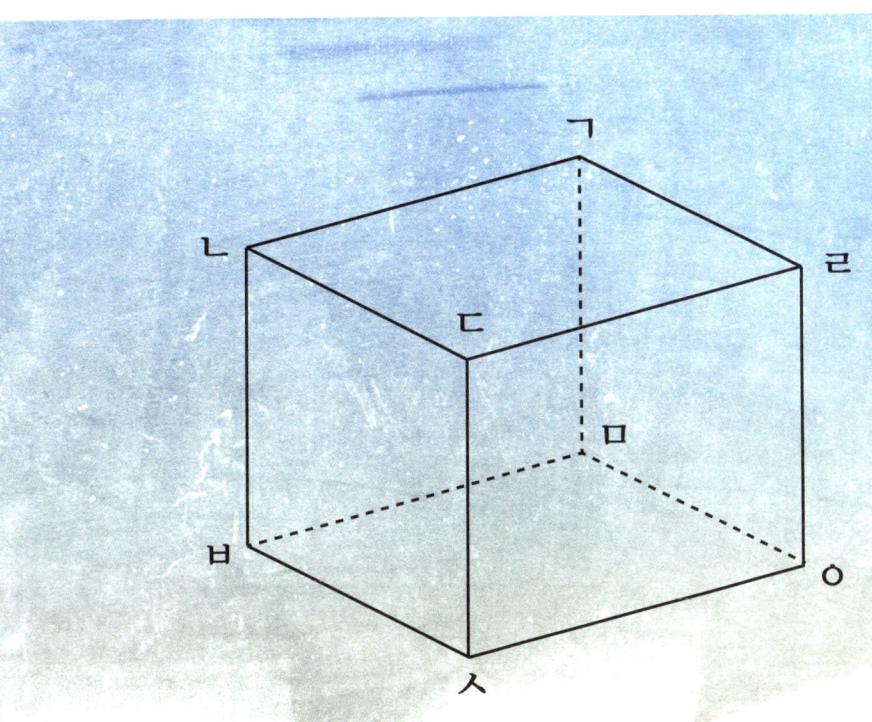

바닥면에 수직인 면을 모두 말하시오.

바닥면을 내려다보던 앨리스는 천천히 빙그르 한 바퀴 돌면서 자신감 넘치는 목소리로 답을 외쳤어요.

"먼 ㄴㅂㅁㄱ, 먼 ㄴㅂㅅㄷ, 먼 ㄷㅅㅇㄹ, 먼 ㅣㅁ ㅇㄹ예요."

그 순간 '딩동댕동~' 웅장한 소리와 함께 마법처럼 벽면이 펼쳐지면서 기다란 길이 펼쳐졌어요.

"앨리스, 저기 좀 봐."

히파티아가 가리키는 쪽을 바라본 앨리스는 코앞에 있는 토끼를 보고 기뻐했어요. 하지만 말을 걸려는 순간 토끼는

"아이쿠! 공작부인이 노여워하시겠어."

라며 다시 전동자전거의 속력을 올리더니 달려가기 시작했어요.

"너를 만나려고 학교 수학시험보다 더 긴장하며 퀴즈를 풀었는데 가 버리다니, 너무 냉정해!!"

앨리스는 기쁨과 실망감이 동시에 밀려와 눈가에 눈물이 핑 돌았어요. 앞서 가던 토끼가 큰 소리로 외쳤어요.

"앨리스, 얼른 뛰어. 그렇게 계속 투덜거리고 있다가는 다시 방에 갇히게 된다고. 펼쳐진 벽면은 곧 닫히게 될 거야."

뭐라고? 문이 다시 닫힌다고? 앨리스가 놀라서 다시 뛰기 시작하는 순간, 펼쳐진 옆면이 스르르 움직이기 시작했어요.

"고마워! 어, 그런데 내 이름을 어떻게 알았어?"

자신이 혹시 연예인으로 변신한 건 아닌지 걱정이 된 앨리스가 거울을 찾으려고 두리번거리자, 히파티아가 예쁜 손거울을 빌려줬어요.

"히파티아 님은 얼굴만 예쁘신 줄 알았더니, 센스쟁이시군요."

"호호호, 앨리스. 여자는 항상 가꾸어야 한단다."

'어머어머, 수학자라고 해서 우리 언니처럼 늘 책만 보고 문제만

푸는 줄 알았더니, 생각보다 미모에 신경을 많이 쓰시는구나.'

얼른 거울을 들여다본 앨리스는 안심했어요.

"뭐야, 내 모습 그대로잖아. 그런데 다들 어떻게 나를 알아보는 거지?"

긴장도 하고 꽤 달렸더니 목이 말랐어요. 어디 자판기라도 있으면 생수를 사서 마시고 싶었지요.

그때 마침 바로 앞에 신기한 상자 모양의 박스가 보였어요. 가까이 가서 보니, 테이블 위에 모든 면이 유리로 된 조그마한 냉장고가 있었어요. 냉장고에 생수병이 가지런히 진열되어 있는 것을 본 앨리스는 얼른 문을 열어 병을 하나 꺼냈어요. 그런데 병목에 '나를 마셔!'라고 적혀 있는 종이가 매달려 있지 않겠어요?

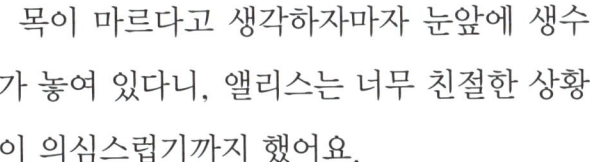

목이 마르다고 생각하자마자 눈앞에 생수가 놓여 있다니, 앨리스는 너무 친절한 상황이 의심스럽기까지 했어요.

"혹시 이거 1박 2일에서처럼 까나리 액젓이라도 들어 있는 건 아니겠지."

앨리스는 혼잣말을 하며 잠시 멈칫했어요.

"앨리스 너, 냉수도 위아래가 있다고 나 먼저 마시라고 기다리고 있는 거구나!"

곁에 다가온 히파티아가 얼른 생수 뚜껑을 열더니 꿀꺽꿀꺽 물을 들이켰어요.

'히파티아 님은 까나리 액젓 벌칙을 아실 리가 없지. 내가 일부러 마시게 한 건 아니니까.'

"야~ 물맛이 꿀맛이다. 자, 너도 마셔!"

그 말을 들은 앨리스는 안심하고 물을 벌컥벌컥 마셨어요. 그런데 그 순간 히파티아의 키가 망원경처럼 쑥쑥 줄어들지 않겠어요? 이미 물을 마셔 버린 앨리스의 키도 쑥쑥 줄어들기 시작했어요.

"헐 아까도 줄어들었는데 이번에 또? 계속 줄어들다가 완전히 없어져 버릴지도 몰라."

바로 그때 다시 방송이 나왔어요.

"앨리스, 조심성이 있었어야지. 하지만 기회가 아예 없는 건 아니야."

"정말요?"

"퀴즈를 풀면 원래대로 돌아올 수 있단다. 바닥에 주사위가 보이지?"

키가 줄어들기 전에는 보이지도 않던 아주 작은 새빨간 주사위가 바닥에 놓여 있었어요.

축구공 속에 숨어 있는 수학의 원리

축구공을 만들 때 수학의 다면체 성질이 사용되었다는 사실을 아시나요? 정이십면체를 잘 살펴보면 정삼각형이 모두 딱 붙어 있어요. 12개의 꼭짓점으로 이루어졌으며, 그림처럼 각 꼭짓점에 정삼각형이 5개씩 모여 있지요.

여기서 정이십면체의 각 모서리를 3등분한 뒤, 각 꼭짓점을 중심으로 그림처럼 잘라 내면, 12개의 조각이 떨어져 나가면서 잘린 부분에 12개의 정오각형이 만들어진답니다. 원래 있던 20개의 정삼각형들은 세 꼭짓점이 잘려 나가 정육각형으로 변하게 되는 것이지요. 즉 12개의 정오각형과 20개의 정육각형으로 이루어진 삽십이면체가 되는 것이랍니다. 가죽으로 이런 다면체를 만든 후에 바람을 넣으면 구에 가까운 축구공이 제작되는 것이지요. 이 같은 삽십이면체가 축구공의 기본형으로 오랫동안 자리 잡게 된 것이므로 축구공은 수학적 원리에 의해 만들어진 것이라고 할 수 있어요. 1970년에 멕시코 월드컵에서 처음으로 공식적으로 인정한 공 '델스타'는 검은색 정오각형 12개와 하얀색 정육각형 20개를 1700번 정도 바느질로 꿰매 붙여 만든 삽십이면체 공이라고 해요.

정이십면체

정이십면체의 꼭짓점을 깎는 과정

깎은 정이십면체

"주사위는 정육면체 모양이란다. 그건 알고 있겠지? 주사위는 마주 보는 눈의 합이 얼마인지도 아니?"

"당연히 7이죠. 와, 맞혔다!"

"아직 퀴즈는 나가지도 않았다고."

그 순간 바닥에 퀴즈가 나타났는데 전개도가 좀 어려웠어요.

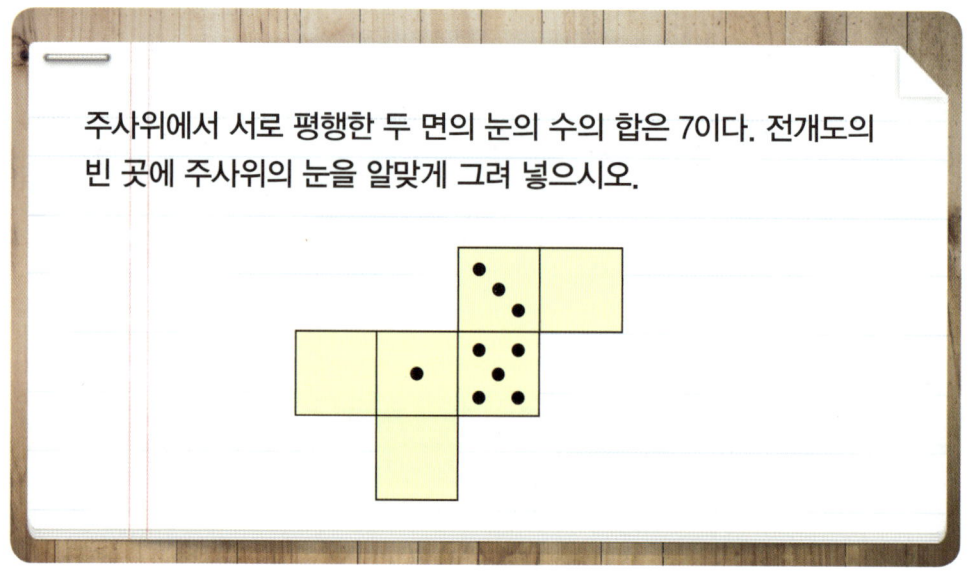

앨리스는 퀴즈를 못 풀면 이런 모습으로 평생 살아야 하는 건 아닌지 겁이 나기 시작했어요.

"문제가 어렵네요. 잘 모르겠어요."

키가 줄어들자 놀라서 바닥에 주저앉아 있던 히파티아가 몸을 일으켰어요.

"앨리스, 내가 도와준다고 했잖아."

"맞다. SOS~"

"문제 속 전개도의 색칠된 면을 옮겨 보렴."

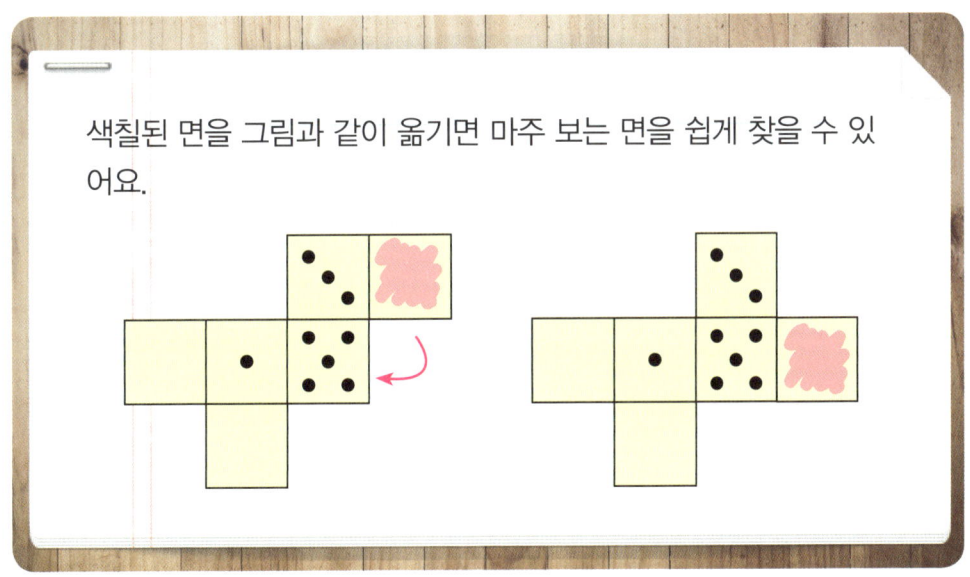

색칠된 면을 그림과 같이 옮기면 마주 보는 면을 쉽게 찾을 수 있어요.

"고마워요. 히파티아 님. 이렇게 바꾸니까 마주 보는 면이 뭔지 알겠어요. 마주 보는 면의 합이 7이니까 정답은 이겁니다."

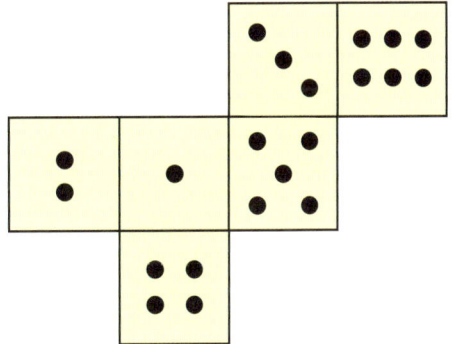

"딩동댕동~"

소리가 울리는 순간 앨리스와 히파티아의 키가 다시 쑥쑥 커지기 시작했어요.

내용 정리

네모 상자 모양에서 선분으로 둘러싸인 부분을 **면**이라고 하고, 면과 면이 만나는 선분을 **모서리**, 세 모서리가 만나는 점을 **꼭짓점**이라고 해요.

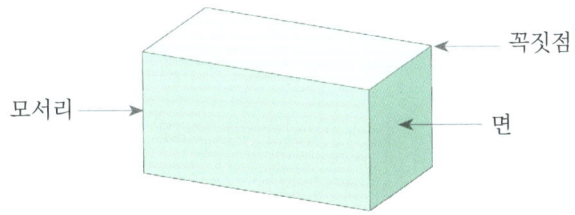

직사각형 모양의 면 6개로 둘러싸인 도형을 **직육면체**라고 하고, 둘러싸인 면이 모두 정사각형 모양인 도형을 **정육면체**라고 해요.

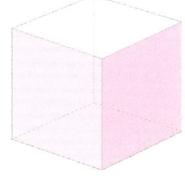

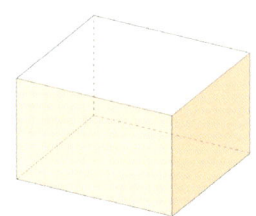

직육면체 모양을 잘 알아볼 수 있도록 보이는 모서리는 **실선**으로, 보이지 않는 모서리는 **점선**으로 그린 그림을 직육면체의 **겨냥도**라고 해요.

직육면체를 펼쳐서 잘리지 않은 모서리는 **점선**, 잘린 모서리는 **실선**으로 나타낸 그림이에요. 이처럼 직육면체의 모서리를 잘라서 펼쳐 놓은 그림을 직육면체의 **전개도**라고 해요.

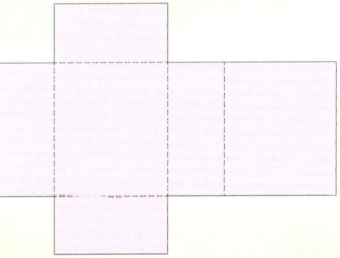

히파티아가 들려주는
생활 속 수학 이야기

앨리스! 넌 대칭수를 알고 있니?

"얘들아! 나는 아프리카 북부에 있는 이집트에서 온 최초의 여성 수학자 히파티아라고 해."

"어머~ 아프리카에서 왔다면서 얼굴이 왜 하얀 백인이세요? 게다가 엄청 미인이시네요!"

"아프리카 사람은 모두 흑인인 줄 아니? 나는 370년경 이집트의 신도시 알렉산드리아에서 태어났어. 그곳은 알렉산드로스 대왕이 개발한 신도시였지. 알렉산드리아 대학은 도서관과 실험실, 박물관의 규모도 크고 유명한 학자들이 많기로 소문난 대학이었어. 당시는 알렉산드리아가 최고의 문명도시였거든. 우리 아버지는 알렉산드리아 대학에서 수학과 철학을 가르치는 교수였고, 난 어렸을 적부터 아버지로부터 수학과 과학을 배우면서 학자로서의 꿈을 키웠단다."

히파티아

"캬~ 어렸을 적부터 아버지로부터 교육을 잘 받아 훌륭한 수학자가 되셨군요. 근데 히파티아 님, 저희를 찾아오신 이유가 뭐죠?"

"난 대한민국의 많은 학생이 수학이 어려워 학교 부적응자가 된다는 소문을 듣고, '수포자'를 치유하여 '수신자'를 만들고 싶어서 타임머신을 타고 왔단다."

"어머머! 정말이세요? 그렇다면 대환영이죠. 사실 저희들은 수학 때문에 상처가 많아요. 수학 울렁증이라는 트라우마까지 있는 친구들도 많고요. 히파티아 님! 우리를 치료해 주세요~. 사실 저희도 수학을 포기하고 싶지는 않아요."

"이제부터 나랑 수학의 세계를 탐험해 보자! 모든 이들을 수학을 신나게 공부하는 자, '수신자'로 만들어 주는 게 나의 바람이자 보람이지. 너희들, 로마 바티칸 대성당의 유명한 그림 〈아테네 학당〉을 알고 있니?"

"알아요. 언니가 중학생이 되면 배우게 되는 유명한 수학자 피타고라스도 그 그림에 나온다고 얘기해 준 적 있어요."

"그림에는 고대 그리스의 유명한 수학자, 철학자, 의학자, 지리학자, 천문학자 등 모두 58명이 등장하지. 가운데 걸어 나오는 주인공처럼 보이는 두 분은 내가 존경하는 플라톤과 아리스토텔레스 스승님이셔. 그림의 왼쪽 아래 하얀 옷을 입은 긴 머리 여인이 바로 나야."

"우와~ 히파티아 님이랑 진짜 똑 닮았어요."

"내 밑에서 수학 문제를 열심히 풀고 있는 대머리 노인이 바로 피

라파엘로의 작품 〈아테네 학당〉에 묘사된 히파티아. 빨간색으로 표시된 여인이 히파티아예요.

타고라스 선생님이시지. 거의 다 남자들이고 여자는 별로 없어. 화가 라파엘이 유독 나만 크게 그려 주었지. 그러니까 세계 최초의 여류 수학자인 나를 우습게 보지 말라고! 참, 앨리스는 거울의 나라에도 다녀왔다는데 이 사실을 아는지 몰라? 거울의 나라는 모두 대칭성이 있어. 거울은 똑같은 모습을 비추어 주니까! 너희들 대칭성이 뭔지 아니?"

"대칭이라면 미술 시간에 배운 데칼코마니 같은 거 아닌가요?"

"맞아! 데칼코마니는 완전한 대칭이야. 그거 말고도 우리 주변에는 대칭이 아주 많지. 사람의 얼굴도 대칭이야. 코도 2개, 눈도 2개, 귀도 2개로 대칭을 이루고 있지."

"입과 코는 1개잖아요?"

"모두 자기 독사진을 보면서 생각해 보자. 입과 코를 중심으로 수직선을 그어 보면 대칭이 되는 거야. 하나님은 왜 사람을 대칭으로 창조하셨을까? 바로 아름다움과 안정성 때문이야. 눈의 크기가 다르다면 얼마나 징그럽겠니? 그러니까 유명한 성형의사야말로 완벽하게 대칭적으로 수술을 해 주는 의사인 거지. 또 우리 몸의 오른팔과 왼팔의 길이가 다르다면? 오른쪽 다리와 왼쪽 다리의 길이가 다르다면 걷는 것도 얼마나 불편하겠니? 안전하게 생활하고 보기에도 아름다우라고 대칭으로 만들어진 거야. 자, 이제 숫자 11, 22, 33, 44, ……, 99를 생각해 보자. 이 수들의 특징은 무엇일까?"

"저요! 제가 대답할게요. 어른들이 명절에 하는 화투 놀이에서 '땡'이라고 부르는 숫자 아녜요? 11은 1땡, 22는 2땡이라고 하죠."

"아유, 대한민국 아이들 정말 큰일이구나! 내가 하고 싶은 이야기는 숫자들도 대칭이 된다는 사실이야. 한국에는 과자를 친구들끼리 주고받는 '빼빼로 데이'라는 특이한 기념일이 있더구나."

"아~ 11월 11일이요."

"그래. 그 날짜를 숫자만 적어 보면 1111이 되고 순서대로 왼쪽에서 읽어도, 거꾸로 오른쪽에서 읽어도 똑같은 1111이 되는데 이런 수를 회문수(回文數)라고 부른단다. 데칼코마니처럼 좌우대칭이라고 대칭수(對稱數)라고도 불리지. 예를 들어 음악 선생님이 '다시 합창합시다'라고 하는데 청개구리 같은 학생이 그 말을 거꾸로 말한다면 어떻게 될까?"

"다.시.합.창.합.시.다! 와~~ 똑같군요. 재밌다."

"자, 이제 수학적인 생각을 좀 넓혀 보자. 가장 작은 세 자리의 대칭수는?"

"101이요."

"잘했어. 혹시나 111이라고 대답할까 걱정했는데. 역시 내가 대한민국 아이들을 찾아오길 잘한 것 같아. 호호호. 대칭수는 두 자리 수일 때는 11부터 99까지 9개뿐이야. 예를 들어 내가 아는 한국 아이 중에 '정기정'이라는 아이가 있어. 그 애의 이름은 앞에서부터 불러도 징기정, 뒤에서부터 불러두 정기정이야. 이런 이름처럼 101, 111, 121, 131, ……, 191도 모두 회문수라고 해. 그러면 세 자리 대칭수는 모두 몇 개일까?"

"10개입니다."

"아니야. 좀 더 생각해 봐. 202도 있고, 212, 222, 232, …… 더 계속되거든. 모두 몇 개일까?"

"가장 큰 세 자리의 대칭수가 999인 건 알겠는데, 999까지 계산해야 하나요?"

"그렇지. 조금만 논리적으로 나열해 보면 쉬워.

101, 111, 121, ……, 191: 10개

202, 212, 222, ……, 292: 10개

…………………………… 909, 919, 929, ……, 999: 10개

그러니까 총 90개가 되는 거지. 종합하여 정리하면 수는, 한 자리 수는 0부터 9까지 10개, 두 자리 수는 11부터 99까지 9개, 세 자리 수는 101부터 999까지 90개가 되는 것이란다."

"예전에 미처 들어 보지도 못하고, 생각지도 못한 대칭수처럼 수에는 재미있는 성질들이 많네요."

"그렇고말고, 우리 앞으로는 자주 만나서 신비롭고 흥미로운 수학의 세계를 탐험해 가자꾸나. 애들아 그럼 오늘은 여기까지~ 담에 또 만나자. 안녕~."

> 이야기 2

미션! 퀴즈를 풀어라

앨리스는 한없이 커지는 자기 몸을 보고 겁이 나서 비명을 질렀어요.

"멈춰, 제발. 이런 속도면 금방 내 키가 63빌딩만큼이나 커질 것 같단 말이야."

그 순간 머리가 천장에 쿵 하고 부딪쳤어요.

발을 내려다보니, 평소 왕발이라고 언니에게 놀림당하던 발이었건만 조막만 한 게 여간 귀여운 게 아니었어요. 걸리버처럼 거인이 된 상황에서도 발이 작아 보

인다고 기뻐하는 자신에게 허탈웃음이 나왔지요. 제일 큰 문제는 이런 모습으로는 더 이상 토끼를 쫓아 달려갈 수가 없다는 것이었어요.

'히파티아 님이 물을 마시고 나서 아무 이상 없는지 좀 더 지켜봤어야 했는데.'

'조심성이 부족하니 제발 좀 신중하렴' 하고 귀가 따갑게 엄마에게 잔소리 들어도 할 말이 없을 것 같았지요.

앨리스는 후회가 마구 몰려왔어요.

"쿵~"

빠르게 늘어나는 키의 변화에 중심을 잃은 히파티아가 바닥에 엉덩방아를 찧었어요.

"아이고, 아파라! 네가 나더러 먼저 마시라고 하기에 예의바른 소녀라고 생각하며 벌컥벌컥 마셨더니 이게 무슨 꼴이람! 흥, 책

임겨!"

"설마 그걸 알고 드렸다면 바보처럼 제가 따라 마셨겠어요? 좀 덜렁대는 게 흠이지만 저 알고 보면 요즘 보기 드문 예절 소녀 맞거든요."

그 순간 저 멀리서 바퀴 소리가 희미하게 들렸어요. 누군지 궁금해서 눈을 크게 뜨고 바라보았더니, 헬멧을 쓴 토끼가 씽씽~ 바람을 가르며 멋진 모습으로 다시 나타나는 게 아니겠어요? 토끼는 한 손에 쥐고 있던 리모컨 버튼을 눌러 전동 외발자전거를 세우고, 헬멧을 벗으며 중얼거렸어요.

"난 또 내 자전거 속력 때문에 건물이 무너진 줄 알았는데 아니잖아. 어이쿠! 공작부인을 어쩐다. 공작부인이 너무 노여워하지 말아야 할 텐데."

앨리스는 이 상황에서 벗어나야 한다는 절박한 마음이었어요. 혹시나 토끼가 키를 다시 줄어들게 할 방법을 알지도 모른다는 생각에 두렵고 떨리는 목소리로 정중하게 입을 열었지요.

"저, 실례합니다. 토끼 선생님. 저기 혹시……."

그러자 토끼는 기절할 듯이 놀라는 표정으로 헬멧을 얼른 쓰고는, 손에 쥐고 있던 리모컨이 떨어지는 줄도 모른 채 어둠 속으로 달아나 버렸어요.

앨리스는 떨어진 리모컨을 집어 들고는 여기저기 버튼을 눌러 보앉어요.

"꼭 한 번만 타 보고 싶어. 정말로."

"지금 자전거 탈 생각을 할 때가 아니잖아. 원래대로 키가 줄지 않으면 그 자전거를 너에게 준다 해도 어림없어!"

"어머, 어머! 맞다. 나 지금 거인이지. 어제까지 아무런 일도 없었는데 오늘은 정말 모든 게 이상하네! 이 모든 게 꿈이면 얼마나 좋을까?"

어제 엄마가 친구랑 카톡 좀 그만하고 숙제하라고 할 때 말을 안 들어서 이런 일이 생긴 것만 같아 후회도 되었어요. 지금쯤 엄마가 차려 준 저녁밥을 맛있게 먹고 있을 언니 모습이 떠오르기 시작했지요.

"그래, 앨리스 이제 반성 좀 했니?"

바로 그때 잠잠하던 방송이 다시 들렸어요.

"후회하는 너의 마음이 안쓰러워서 원래대로 돌아갈 기회를 주는 퀴즈를 내도록 할게."

"정말요? 퀴즈를 풀면 다시 예전의 아담한 모습으로 돌아갈 수 있는 거예요?"

"그럼, 나한테도 문제를 내 줘."

히파티아가 얼른 끼어들었어요.

"히파티아 님은 유능한 수학자라서 문제를 내면 척척 해결하실

거라, 문제를 드리지 않겠어요."

"그럼 나보고 이 모습으로 평생 살라는 말이야?"

"아뇨. 앨리스와 끝까지 동고동락(同苦同樂)하셔야 하니, 앨리스가 정답을 맞히면 같이 원래 모습으로 돌려 드릴게요. 그 대신 이번 문제는 혼자 풀 때까지 힌트를 주시면 안 됩니다."

앨리스의 얼굴에 긴장감이 감돌았어요.

"나 혼자 해결하라고요? 아까 보니 어려운 문제도 있었는데 이거

갈수록 태산이잖아."

"앨리스~ 앨리스~ V. I. C. T. O. R. Y."

오른손으로 주먹을 꽉 쥐고 방긋 웃으며 히파티아가 애교 섞인 응원을 보냈어요.

잠시 후 벽면에 이상하게 생긴 도형 문제가 나타났어요.

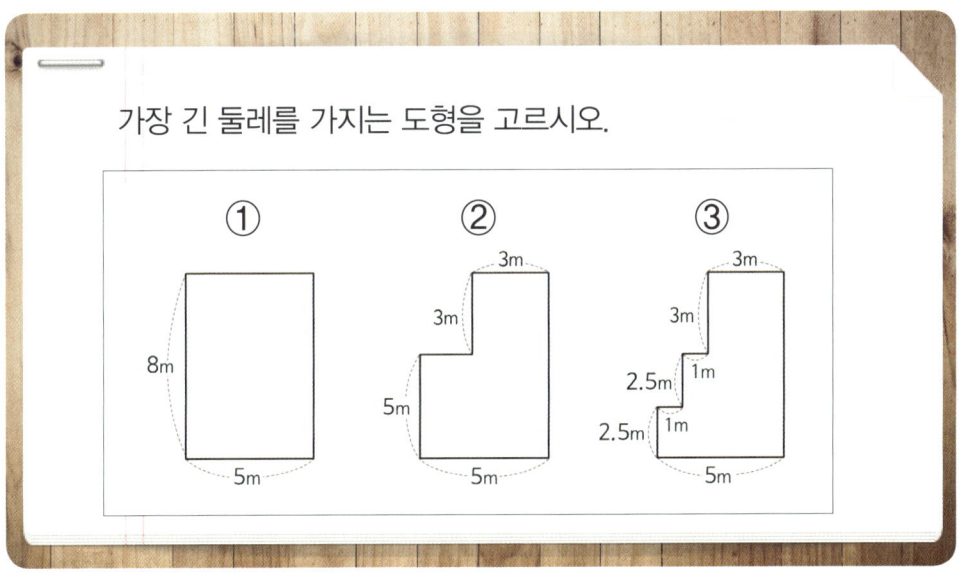

앨리스는 문제를 풀기 시작했어요.

"음~, ①번은 직사각형이니까 네 변의 길이를 더하면 8+5+8+5=26(m)예요. 어라, ②번은 변의 길이가 표시되어 있지 않은 부분도 있네."

"아냐. 차분하게 문제의 조건을 다시 살펴보면 둘레의 길이를 구할 수 있어. 이건 힌트가 아니고 순수한 응원이야."

평소 같으면 귀찮은 수학 문제라며 바로 포기했겠지만, 자신과 히파티아의 키를 되돌릴 수 있는 다시없을 기회이기에 앨리스는 다시 도형을 바라보았어요.

"아, 오른쪽 변의 길이는 왼쪽 두 변의 길이를 합하면 되고, 길이가 표시되어 있지 않은 가로는 두 변의 길이의 차를 구하면 나오니까 둘레의 길이는 5+(5+3)+3+3+(5-3)+5=26(m)예요."

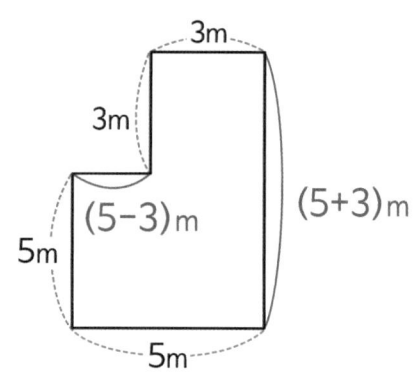

"앗싸. 이제 하나만 해결하면 된다."

②번의 둘레 길이를 알아낸 앨리스가 말했어요.

"①번과 ②번의 둘레 길이가 똑같으니 답은 ③번인가?"

"앨리스, 엄마의 잔소리를 잊지 마. 돌다리도 두드려 봐야 한다는 속담도 있다면서."

히파티아는 수학적인 힌트를 주지 못하는 게 답답해서 발을 동동 구르며 응원을 보냈어요.

"알았어요. 제대로 할게요. 복잡한 계산 같지만 오른쪽 변 하나만 구하면 되네. 생각보다 별로 어렵지 않은데?"

앨리스는 골똘히 생각에 잠겨 있다가 이윽고 말했어요.

"③은 5+(3+2.5+2.5)+3+3+1+2.5+1+2.5=26(m)예요. 어, 뭐야. 모두 길이가 같잖아. 정답은 '모두 길이가 같습니다!'"

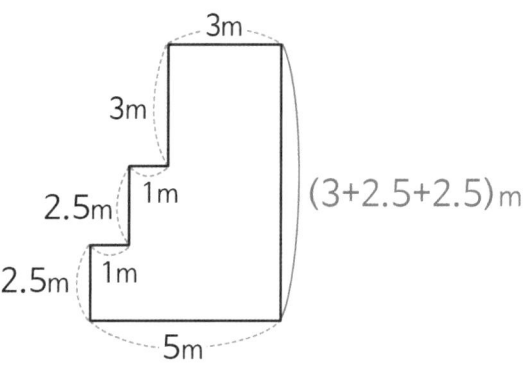

"휴~ 난 네가 그냥 ③번이요 하고 답할까 봐 얼마나 간이 조마조마했는지 몰라. 잘했다, 앨리스!"

둘은 손을 맞잡고 기쁨을 나누었어요. 그 순간 거짓말처럼 키가 쑥쑥 줄어들더니 두 사람은 원래의 아담한 모습으로 돌아왔어요.

"그런데 히파티아 님, 이 문제의 도형을 살펴보면 모양은 다르지만 모두 둘레가 같은데, 저처럼 하나하나 계산하지 않고도 쉽게 답을 구할 수 있는 다른 방법이 혹시 있는 거 아니에요?"

"그런 궁금증도 생기다니 기특하네. 물론 있지. 그걸 알려주고 싶었지만 가르쳐줄 수 없는 내 마음은 얼마나 답답했는지 알아? 이젠 문제를 해결했으니 알려줄게. 계단처럼 움푹 파인 부분의 둘레를 그림과 같이 옮기면 모두 똑같은 직사각형이 된다는 사실!"

히파티아는 땅바닥에 문제에 나온 도형을 그리고 나서 점선으로

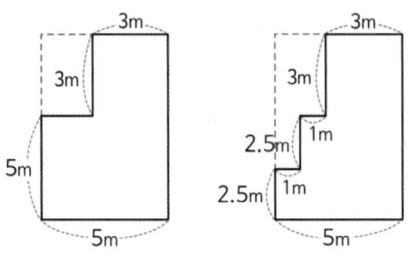

표시했어요.

"우와! 무턱대고 계산부터 하지 않고 좀 더 생각을 하고 나서 푸니까 정말 간단하게 해결할 수 있네요. 수학이 마구 계산만 하는 건 아닌 거 같아요."

"아까 너 때문에 음료 마시고 키가 커졌을 때는 괜히 널 따라 이상한 수학나라에 왔다고 후회했는데, 하나하나 문제를 풀면서 달라지는 네 모습을 보니 잘 온 것 같아."

"감사해요. 아무튼 제가 맘에 드신다는 거죠?"

"앨리스, 내가 너의 궁금증을 해결해 줬으니 나도 너에게 질문을 하나 해도 되겠니?"

"그럼요. 절 좋아하신다니 기꺼이 들어 드려야죠."

"방금 푼 문제가 만약 '각각의 도형의 넓이를 구하시오'였다면 해결할 수 있었겠니?"

"뭐라고요? 또 수학 문제예요?"

"기꺼이 들어 준다고 했잖아. 약속은 약속이야."

"아무튼, 난 너무 덜렁대. 매사에 신중해야 하는데."

앨리스는 아차 하는 사이에 당했다는 표정이었어요. 히파티아는 '옳거니' 하며 어깨를 으쓱했지요.

직각으로 된 계단 모양의 둘레를 쉽게 구할 수 있는 방법

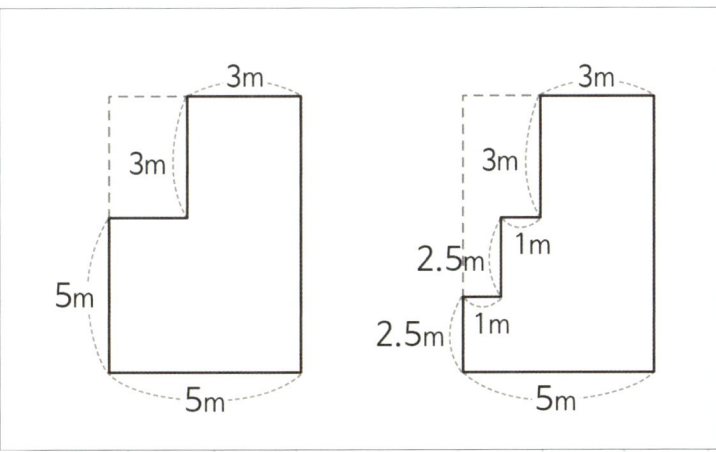

계단 모양의 둘레를 직사각형을 만들어 구하면 쉬워요. 다각형의 오목한 부분의 변을 각각 평행하게 옮기면 그림과 같이 직사각형과 같은 모양이 돼요.

결국 계단 모양의 둘레는 직사각형의 둘레와 같으니 쉽게 해결할 수 있지요.

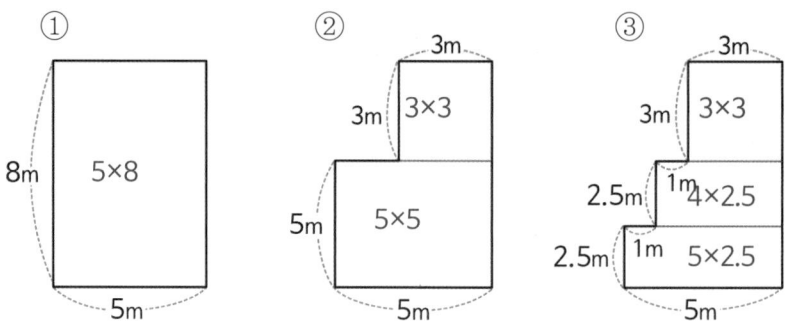

"①번 직사각형의 넓이는 (가로)×(세로)=5×8=40(m²)이고, ②번 도형은 가로 방향으로 두 개의 사각형으로 나뉘니까, 정사각형 2개를 연결한 모양과 같아요. 따라서 전체 넓이는 5×5+3×3=25+9= 34(m²)예요."

"직사각형 넓이를 이용해 잘 구하네. 그럼 ③번은?"

"가로 방향으로 3개의 직사각형으로 나누면 돼요. (3×3)+(4×2.5)+(5×2.5)=9+10+12.5=31.5(m²)니까 31.5m²가 나와요."

"우와, 앨리스 너는 나보다 계산은 참 잘하는 거 같아!"

"정말요? 제가 수학자보다 잘한다고요? 나중에 저희 엄마 만나시면 꼭 그 말씀 다시 한 번 해 주셔야 해요."

"난 ②번 넓이를 구하라고 하면 ①번의 넓이에서 색칠된 직사각형의 넓이 3×2=6(m²)만 쏙 빼거든. 특히 요즘 연구하는 내용이 골치가 아파서 머리를 최대한 안 쓰려 해."

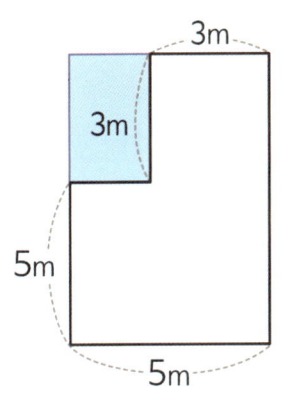

"아, 그런 방법이! 제가 계산 잘한다는 거 칭찬이 아니네요."

"아니, 꼭 그런 건 아니야. 여러 가지 방법 중 너와 내가 선택한 게 다를 뿐이야."

"그래요? 정말이죠?"

"물론."

갑자기 앨리스가 놀란 표정을 지었어요.

"맞다! 이럴 때가 아니에요."

"왜?"

"토끼를 쫓아가야죠. 이제 키가 정상으로 돌아왔으니 이 리모컨을 찾아주면서 자전거 시승 한 번만 하게 해 달라고 부탁해야죠."

앨리스는 히파티아의 손을 잡고는 토끼가 사라진 쪽으로 다시 달리기 시작했어요.

제법 긴 터널을 통과했는데도 아직 토끼는 보이지 않았어요. 땀이 비 오듯 주르륵 흐르고 이제 다리에 힘도 풀려서 더 이상 못 뛸 것 같았어요. 앨리스의 머릿속은 토끼를 쫓아가는 것보다 온통 땀으로 축축해진 옷을 어떻게 말릴 방법이 없을까 하는 생각뿐이었어요.

바로 그때 뒤에서 온몸이 땀범벅이 되어 털이 몸에 찰싹 엉겨 붙은 생쥐가 나타났어요.

"헥헥, 생쥐 살려."

"생쥐님! 혹시 당신도 자전거를 탄 토끼를 쫓고 계신가요?"

"무슨 소리. 뒤에서 사흘을 굶은 고양이가 나를 쫓고 있다고. 그런데 온몸이 땀범벅이라 더 이상 못 뛰겠어."

"저도 마찬가지예요."

"너도 고양이한테 쫓기는 중이라고? 사람이 웬 고양이에게……."

"아뇨, 저도 온몸이 땀범벅이라고요. 얼른 몸을 말리고 싶어요.

이러다간 감기에 걸릴 것만 같아요."

"에헴, 그야 최고의 건조 방법은 코커스 경주를 하는 것인데."

"코커스 경주가 뭐예요?"

생쥐가 오른쪽 벽의 문을 열면서 말했어요.

"코커스도 모른다고? 그 재미난 경주를! 그렇다면 이리로 따라와. 내가 도도를 소개시켜 줄게."

"앨리스, 너 토끼를 쫓다 말고 이젠 생쥐를 쫓는 거니?"

"아뇨. 생쥐를 쫓는 게 아니라, 땀을 말린 후에 더 빨리 달리려고요. 그리고 솔직히 코커스 경주가 뭔지 궁금해요."

"난 해 봤는데."

"정말요? 그렇다면 저만 모를 순 없죠. 딱 한 번만 하고 가요."

문을 여는 순간 눈앞에는 푸르른 잔디밭이 펼쳐졌어요. 앞서 가던 생쥐가 반갑게 누군가와 악수를 나누었어요.

"도도, 오랜만이야. 이쪽은 앨리스라고 해. 아직 그 재미난 코커스 경주를 들어 본 적도, 해 본 적도 없다고 해서 내가 데려왔어."

생쥐마저 앨리스가 누군지 알고 있는 게 아니겠어요?

'자고 일어났더니 스타가 되었다는 얘기가 바로 내 얘기였나? 어떻게 여기선 모두 나를 알아보는 거지?'

도도가 앨리스에게 성큼성큼 다가왔어요.

"가장 좋은 설명은 직접 해 보는 거란다. 그런데 그 전에 수업료는 지불해야겠지?"

"저, 가지고 있는 돈이 하나도 없어요."

"아니, 돈을 말하는 게 아니야. 그동안 경기장이 원 모양이었는데 지겨워서 다른 모양으로 바꾸려고 경주로를 만들던 중이었거든. 그런데 경주로가 좀 독특하다 보니 여기에 잔디를 얼마만큼 깔아야 하는지 넓이를 계산하려고 회의 중이었어. 우린 이런 계산은 다들 자신이 없어서 말이야."

"설마 저한테 그걸 계산하라는 말씀은……."
"맞아. 그걸 계산하는 게 수업료야. 생각보다 안 비싸지?"

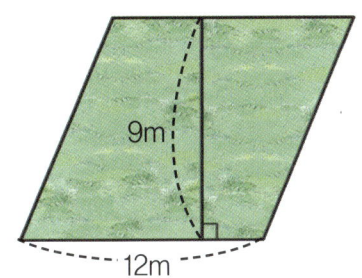

경주로를 보니 평행사변형 모양이었어요. 땀을 너무 많이 흘려서인지 앨리스는 머릿속이 새하얘져서 아무 생각도 나지 않았지요.

"도도 님. 혹시 히파티아 님과 함께 풀어도 되나요?"

"으흠, 좋아! 우리야 뭐 누가 됐든 해결해 주는 게 중요하니까, 히파티아 님께 힌트를 제공받아도 돼."

앨리스는 히파티아와 머리를 맞대고 의논했어요.

"히파티아 님, 이것도 직사각형으로 잘라야 해요?"

"앨리스, 너무 오래 달려서 집중을 못 하는구나! 직사각형으로 자르는 게 아니라 직사각형으로 만들어 보렴."

"어떻게 만들어요?"

"저기 경주로를 만드느라 그어 놓은 선을 잘 봐!"

"그어 놓은 선?"

"12m가 평행사변형의 밑변이고 여기에 수직인 선이 높이지? 이 높이를 따라 나누라고."

"어, 나누니까 직사각형이 아니라 사다리꼴이 되네요."
"그래, 맞아. 지금까지 잘했어."
"직사각형은 네 각이 모두 직각이니까……. 아! 오른쪽 사다리꼴을 왼쪽으로 보내면 직사각형이 돼요. 아, 이제 알겠어요. 경주로에 깔아야 하는 잔디의 넓이는 12×9=108(m^2)예요."

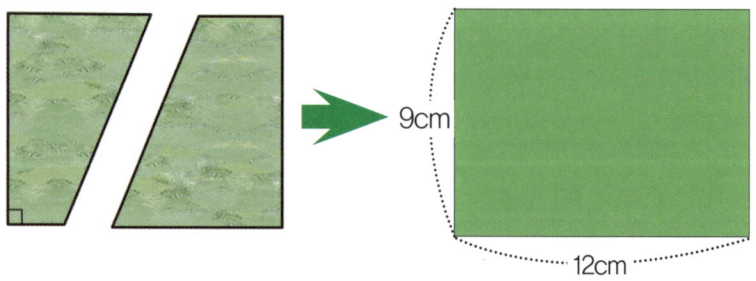

모든 동물이 일제히 앨리스에게 물개박수를 쳤어요.
"우와! 우리들이 1시간 동안 고민하던 문제를 단 몇 분 만에 해결

하다니, 역시 대단해. 모두들 새 경주로에서 앨리스 양과 함께 코커스 경주를 한 판 하자고."

모두 우르르 달려와 평행사변을 따라서 이곳저곳에 자리를 잡았어요. 도도가 앨리스의 손을 잡아끌고 줄에 합류시켰지요. 그 순간 '하나, 둘, 셋, 출발!' 신호도 없이 모두 자유롭게 마음 내키는 대로 달리기 시작했어요.

어리둥절한 앨리스에게 도도가 외쳤어요.

"앨리스, 달리면 돼!"

"저 지금껏 달렸는데 또 달리라고요? 코커스 경주에 대해 알려준다더니."

"이게 바로 코커스 경주야!"

앨리스는 완전 속은 느낌이었어요. 그래서 얼른 히파티아의 손을 잡아끌었죠.

"저 혼자 할 순 없죠. 우린 동고동락이라면서요."

"앨리스, 내 나이를 좀 생각해 줘."

"히파티아 님 나이가 어때서요. 함께하기로 한 이상 슬픔과 고통도 함께해야죠."

어이없다는 표정으로 히파티아는 앨리스와 함께 달리기 시작했어요. 이상하게도 흠뻑 젖었던 옷과 몸이 뽀송뽀송해졌을 때 도도가 갑자기 소리쳤어요.

"경주, 끝!"
모두들 숨을 헐떡이며 도도 주위로 모여들면서 물었어요.
"누가 우승이야?"
도도는 바로 대답했어요.
"그야 물론, 앨리스지! 그 어려운 문제를 해결해 줬으니 말이야."
동물들은 순식간에 앨리스와 히파티아를 빙 둘러싸며 다시 한 번 물개박수를 보냈어요.

한 변이 1cm인 정사각형의 넓이를 $1cm^2$라 쓰고 제곱센티미터라고 읽어요.

한 변이 1m인 정사각형의 넓이를 $1m^2$라 쓰고 제곱미터라고 읽어요.

$1m^2$ 넓이의 정사각형을 $1cm^2$ 단위 넓이로 가득 채우려면 가로 한 줄에 100개, 세로 한 줄 방향으로 100개가 필요하므로 모두 100×100=10000(개)가 필요해요.
여기서 $10000cm^2$는 $1m^2$와 같아요.

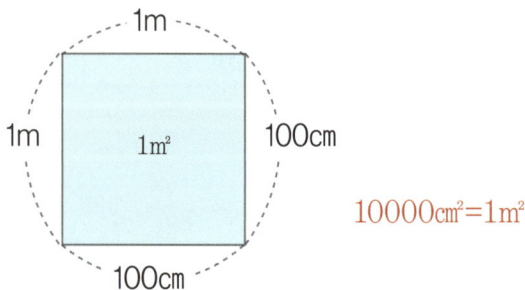

평행사변형에서 평행한 두 변을 밑변이라 하고, 두 밑변 사이의 거리를 높이라고 해요.

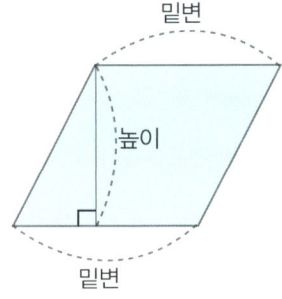

평행사변형의 넓이를 그림처럼 밑변에 수직이 되도록 자른 후 왼쪽으로 옮기면 직사각형이 된답니다.

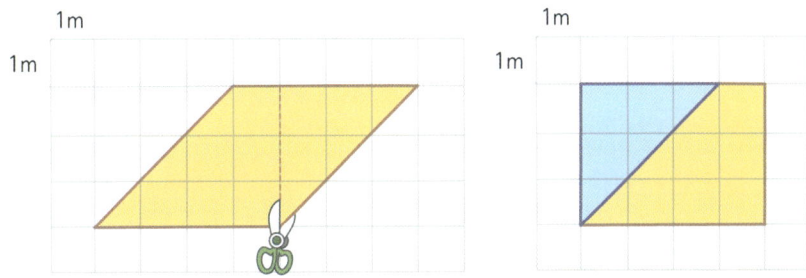

직사각형의 가로와 세로는 평행사변형의 밑변과 높이와 같으므로 평행사변형의 넓이는 (밑변)×(높이)예요.

히파티아가 들려주는 생활 속 수학 이야기

스마트폰에 숨어 있는 수의 비밀

"애들아! 안녕? 대한민국 아이들은 초등학생 때부터 모두 스마트폰을 가지고 다닌다며?"

"당연하죠. 스마트폰은 이제 우리 생활에서 떼려야 뗄 수 없는 필수품이에요. 스마트폰을 집에 두고 학교에 가면 우리들은 전부 멘붕 상태가 되죠."

"멘붕이 무슨 뜻인데?"

"멘붕이란 '맨탈 붕괴'의 줄임말로, 머릿속 정신이 엉망이 되어 제대로 생각이 돌아가지 않는다는 의미예요."

"나 참. 대한민국 아이들은 말도 잘 줄이는구나! 대한민국이 IT 강국이라고들 하는데, 스마트폰에 숨어 있는 수학적 비밀이나 제대로 알고서 사용하면 좋겠다. 친구들~ 내가 존경하는 플라톤 스승님은 '수학을 공부하는 것은 하나님 앞에 다가가는 거룩한 일'이라고 말씀하셨단다. IT 강국인 대한민국의 많은 청소년들이 초등

학생 때부터 수포자가 된다니, 내가 어찌 불쌍한 너희들을 그냥 지나칠 수 있겠니? 너희들을 위해 내가 스마트폰을 대여해서 가지고 왔다니까!"

"그럼 빨리 가르쳐 주세요. IT 강국의 청소년답게 먼저 배워서, 친구들에게 뽐내며 가르쳐 주고 싶어요."

"그럼 이제 그 비밀을 알려주마. 폰의 키패드를 보면 다음과 같은 순서로 숫자가 있지?"

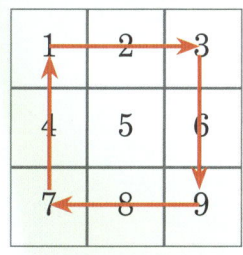

"1부터 시작해서 123, 369, 987, 741을 모두 더하면 얼마가 될까?"

"그거야 뭐, 식은 죽 먹기죠. 히파티아 님은 우리를 너무 과소평가하는 거 같아요. 123+369+987+741=2220입니다."

"좋아. 그럼 이번에는 2부터 시작해서 236+698+874+412를 계산하면?"

"어라~ 236+698+874+412=2220, 아까랑 답이 똑같네요."

"자, 이번에는 사각형 모서리에 있는 수를 세 자릿수로 만들어서 더해 봐. 즉, 111, 333, 999, 777을 모두 더하면?"

1	2	3
4	5	6
7	8	9

1	2	3
4	5	6
7	8	9

"신기하네요. 히파티아 님! 이번에도 111+333+999+777=2220이 되었어요."

"홀수들만 더했는데 이번에는 짝수들을 더해 볼까?"

"그럼 이번엔 222+444+666+888을 계산하면, 오 마이 갓! 또 222+444+666+888=2220이 되었어요. 히파티아 님, 이거 혹시 마술사가 보지도 않고 카드에 적힌 수를 맞히는 마술과 같은 건가요? 맞죠? 너무 이상해요."

"그래서 진화론을 처음 주장한 찰스 다윈 선생님은 '새로운 발견은 모두 수학적인 형태를 띠고 있다'라고 하셨단다."

"히파티아 님, 질문이 있어요. 스마트폰 말고요. 우리 엄마가 저녁마다 가계부 적을 때 사용하는 계산기에도 같은 비밀이 숨어 있을 것 같아요."

"오오, 아주 관찰력이 뛰어난 친구구나. 그래. 탁상용 계산기는 1, 2, 3과 7, 8, 9의 줄이 스마트폰과 반대로 되어 있지만 결과는 똑같이 2220이 나온단다."

"히파티아 님, 제 폰은 맨 윗줄이 1, 2, 3이지만 제 친구 폰은 맨 윗줄에 7, 8, 9가 있어요. 계산기와 똑같은 배열이에요."

"그렇구나. 스마트폰을 만든 회사마다 숫자 배열을 다르게 하기도 하는구나. 그래도 결과는 같아. 수학적 원리가 같기 때문이지."

"그런데 히파티아 님, 도대체 모두 2220이 나오는 이유는 뭐죠? 궁금해요."

"그건, 세로로 셈을 하면서 다시 살펴보자."

123	236	111	222
369	698	333	444
987	874	999	666
+ 741	+ 412	+ 777	+ 888
2220	2220	2220	2220

"순서는 달라도 모두 일의 자릿수의 합이 20, 십의 자릿수의 합이 200, 백의 자릿수의 합이 2000이 된다는 것을 알 수 있어."

라파엘로의 작품 〈아테네 학당〉에 빨간색으로 표시된 사람이 그리스 수학자 피타고라스랍니다.

"우와, 정말 신기해요."

"수의 세계가 정말 아름답고 신기하지 않니? 그래서 피타고라스 선생님은 '만물은 수(數)로 되어 있다'라고 주장했단다."

"와~ 만물이 수라고요?"

"얘들아! 이제 수의 세계가 신비롭고 흥미진진하다는 걸 인정할 수 있겠니? 너희들이 수의 세계가 아름답다는 사실을 처음으로 알게 되었으니 그것으로 오늘은 대만족이야. 이제부터 차츰차츰 수학의 세계로 깊이 들어갈 수 있는 거니까. 그럼 다음에 또 봐. 안녕~."

이야기 3
새콤달콤 맛의 입체도형 버섯

　기대했던 경주는 아니었지만 평소 운동신경이 뛰어나 운동에 대한 자부심이 강한 앨리스는 황당한 기준 때문에 1등이 된 것이 마냥 기쁘지만은 않았어요. 그 순간 문득 손에 뭔가를 꼭 쥐고 있다는 것을 알았지요.
　"아! 맞다. 토끼~! 히파티아 님, 우리 얼른 토끼를 쫓아가요."
　"뭐라고? 또 뛰자는 거야?"
　히파티아는 아직도 숨이 가빠 헐떡거리고 있었어요.
　"잠시 땀을 식힌다는 게 그만 너무 오래 경주를 한 것 같아요. 자전거를 타고 토끼가 어디까지 갔을까요? 쫓아갈 수는 있을까요?"
　왠지 토끼가 지구 반대편까지 달아나 버렸을 것만 같은 불안감에 조급해졌어요.

"앨리스 네 손엔 리모컨이 있잖아. 어쩜 지금쯤 그걸 찾으러 다시 돌아오고 있을지도 몰라."

"정말 그럴까요? 제발 그랬으면 좋겠어요."

그때 어디선가 희미하게 쌩쌩 기계 소리가 들렸어요. 자세히 들으니 바퀴 소리 같기도 했어요. '설마…… 아니야! 히파티아 님 말처럼……' 하고 희망 섞인 기대로 맘이 오락가락하는 와중에 휙~ 하고 외발 전동자전거를 탄 토끼가 나타났어요.

"공작부인! 공작부인! 불쌍한 내 발들. 공작부인이 날 죽일 거야! 그렇지만 리모컨은 찾아야 해. 도대체 어디에 흘린 거람."

뚫어져라 땅을 쳐다보다 고개를 든 토끼와 앨리스의 눈이 마주쳤어요.

"저기요~."

손에 쥔 리모컨을 보여 주며 '이거 찾으세요?'라고 말을 꺼내려는데 토끼가 대뜸 언니처럼 명령을 내리지 않겠어요?

"앨리스 넌 여기서 뭘 하니? 할 일이 없어 심심한가 보군. 당장 내 리모컨을 찾아와!"

이건 무슨 황당한 상황일까요? 앨리스는 '물에 빠진 사람을 건져 주면 보따리 내놓으라고 한다더니 내가 왜?' 하는 마음에 맘에도 없던 말이 튀어나갔어요.

"제가 당신 비서인 줄 아세요?"

"아니, 이상한 수학나라 입구에서부터 나를 졸졸 따라 오기에 나의 광팬인 줄 알았지. 그리고 너만큼 내 뒤쪽을 정확히 본 사람이 어디 있겠니. 그러니 나의 리모컨을 찾아볼 영광스런 기회를 주려고 하는 거지."

"물론 제가 뒤를 따라온 것은 맞지만, 당신 팬은 아니에요."

"그래서 안 찾아 주겠다는 거야?"

"앨리스, 괜히 논쟁하지 말고 그거 돌려주면서 이 기회에 네 소원을 말해 봐."

히파티아가 손가락으로 전동 외발자전거를 가리켰어요.

"뭐야, 너 내 리모컨을 훔친 거야? 소원이 뭔데?"

"아니에요. 오해하지 마세요. 리모컨이 바닥에 떨어졌는지도 모르고 급히 가기에 돌려드리려고 쫓아오느라 얼마나 고생했다고요."

"정말? 미안해. 괜히 오해했구나. 그럼 이리 줘. 소원도 말해 보고."

"저, 사실은 그 자전거가 너무 타고 싶어서 여기가 어딘지도 모르고 쫓아온 거예요. 그걸 꼭 사고 싶었는데 엄마가 위험해 보인다고 허락을 안 해 주시거든요."

"이게 그렇게 타 보고 싶니? 왜?"

"제가 다른 운동신경은 꽤 좋은데 중심을 잘 못 잡아서 자전거를 제대로 못 타 봤어요. 그래서 페달을 밟지 않아도 저절로 움직이는 자전거를 누가 만들어 준다면 얼마나 좋을까 생각했는데 그게 현실이 되었거든요."

"앨리스라고 했지? 너 보기보다 호기심이 많구나! 그래, 뭐 내 리모컨도 찾아 줬고 이 자전거를 타 보는 게 오랜 소원이라니 한 번 타 봐. 그런데 딱 한 번뿐이다. 난 지금 엄청 늦었거든."

"정말요? 고마워요, 토끼 님~"

외발 자전거라 사실 조금 걱정했는데 생각보다 쉽게 중심이 잡혔어요. 앨리스는 자전거를 타고 마음껏 달렸어요. 예상했던 것보다 속도도 빠르고 스릴 있었지요.

"나도 한 번 타 보면 안 될까?"

히파티아가 토끼를 향해 애교 섞인 말투로 부탁을 했어요.

"안 돼요! 지금 앨리스의 소원을 들어 주는 것도 내 목숨이 왔다 갔다 하는 일인데."

앨리스는 '야호~'를 외치며 신나게 속도를 내면서 전동자전거를 즐겼어요. 앨리스가 한 바퀴 돌고 오자마자 토끼는 자전거를 홱 빼앗더니 급히 달아났어요.

자전거의 속도감을 맛본 앨리스는 흐뭇한 표정으로 내심 기뻐했어요. 이 모습을 지켜보던 히파티아가 퉁명스럽게 말했어요.

"앨리스, 혼자서만 자전거를 타는 게 어디 있니? 슬픔도 기쁨도 함께하자며 동고동락을 외칠 땐 언제고."

"히파티아 님, 죄송해요. 간절히 바라던 소원이라 옆에 계신 걸 깜빡했어요."

"그럼 얼른 토끼를 쫓아가자. 이번에는 내가 탈 차례니까."

그때 앨리스의 배꼽시계가 '꼬르륵, 꼬르륵' 하고 울렸어요. 다른 건 다 참아도 배고픔은 못 견디는 앨리스가 주위를 두리번거렸어요.

"뭐 먹을 거 없을까요?"

"지금이 그럴 때야? 어서 가자니까."

"금강산도 식후경이라고 정신없이 뛰었더니 배가 고파 움직일 수가 없어요. 뭘 좀 먹고 영양 보충 좀 하고 가요."

앨리스는 근처에 과일이나 야채 같은 게 있지 않을까 해서 종종걸음으로 주변을 살폈어요. 조금 걸어갔는데 저 멀리 푸르른 숲이 보였어요. 가까이 다가갔더니 꽃과 풀이 한가득이 아니겠어요? 앨리스는 '이 가운데 산딸기, 머루 같은 과일이라도 없을까?' 하며 주변을 살폈어요.

가까운 곳에 버섯이 수북하게 모여 있었어요. 버섯 꼭대기에는 푸른색의 커다란 쐐기벌레가 팔짱을 끼고 누워 담뱃대를 뻐끔거리고 있었지요.

쐐기벌레와 앨리스는 잠깐 동안 말없이 서로 바라보기만 했어요.

"에헷, 에헷. 아휴 담배 냄새. 요즘은 이렇게 길거리에서 함부로 담배 피우시면 안 돼요. 금연 구역 모르세요?"

앨리스는 신경질적인 목소리로 따졌어요.

"넌 누구?"

쐐기벌레는 입에 물고 있던 담뱃대를 빼고 졸린 목소리로 나른하게 물었어요.

"넌 누구냐니까?"

"제 이름은 왜요? 몰라요. 아침부터 커졌다 작아졌다, 무한질주

를 했더니 여기가 어딘지, 제가 누군지도 모르겠어요."

"도대체 무슨 말인지 제대로 설명을 해 봐."

"죄송하지만 설명보다 제가 지금 배가 너무 고파서 죽을 지경이거든요. 뭐 먹을 것 없나요?"

"배고파서 아무것도 못 하겠다고? 먹을 거야 물론 있지. 내가 여기 농장 주인인데."

"정말요?"

"그렇지만 땀 흘려 기른 거라 그냥 줄 수는 없고, 내가 낸 퀴즈의 정답을 맞히면 주지."

'뭐, 퀴즈라고? 설마 또 수학일까? 아니면 이번엔 스핑크스의 수수께끼 같은 걸까?'

앨리스는 이런저런 추측을 해 보았어요.

"뒤편을 한 번 보렴. 저게 바로 내가 최근 새로 품종을 개발한 버섯이야."

색깔도 모양도 난생처음 보는, 크기가 앨리스 허리 정도까지 되는 버섯밭이 끝없이 펼쳐져 있었어요.

"이게 전부 버섯이라고요? 그런데 이건 꼭 학교에서 본 입체도형 같이 생겼네요. 그런데 저는 맛도 없고 씹는 느낌도 별로인 버섯은 안 좋아하거든요. 산딸기나 머루 같은 새콤달콤한 과일 없나요?"

"이 버섯은 네가 알고 있는 그런 버섯이 아니야. 버섯을 싫어하는 어린이들을 위해 특별히 개발한, 달달하고 새콤한 과일 맛이 나는 신기한 버섯이야. 물론 초콜릿 맛도 포함되어 있지."

"뭐라고요? 초콜릿 맛 버섯도 있다고요?"

"버섯이 큰 데다 각 부분마다 맛이 달라서 버섯 하나만 먹어도 다양한 맛을 즐길 수 있지. 일단 한 번 먹어 보면 계속 먹고 싶어서 엄마를 조르게 될 거야. 시장에 자주 가야 하는 엄마들의 불편함을 덜어 주려고 보관하기 좋게 바닥에 닿는 부분은 평평한 모양으로 만들었지."

"정말요? 저도 맛보고 싶어요."

"그 전에 퀴즈를 풀어야 된다니까."

"그럼 얼른 퀴즈를 내 주세요."

"각각의 버섯 모양이 어떤 입체도형에 해당하는지 이름을 맞춰 봐."

쐐기벌레는 천천히 담뱃대로 버섯밭을 가리켰어요.

"또 수학 문제예요? 정말 여긴 온통 수학으로 채워진 이상한 수학나라군요."

"넌 입체도형 이름도 모르니?"

"삼각기둥, 사각기둥, 오각기둥, 육각기둥 아녜요?"

"그럼 이쪽은?"

한쪽 편은 각뿔 모양의 버섯들이 가득했어요.

"삼각뿔, 사각뿔, 오각뿔이요. 제가 맞춘 거죠? 얼른 버섯을 먹어보게 해 주세요."

"이건 1단계 퀴즈니까, 각 버섯의 한 부분만 맛보는 거다."

앨리스는 말이 끝나기가 무섭게 달려가 삼각기둥 모양의 버섯을 한 입 크게 베어 물었어요.

"으음, 이건 딱 상큼한 사과 맛이잖아."

너무 놀라 다시 먹으려고 손을 대는 순간, 어느새 쐐기벌레가 옆에

다가와 담뱃대로 손등을 딱 하고 쳤어요.

"각 입체도형마다 한 번씩이라고 했잖아."

"앨리스, 정말 그렇게 맛있니? 나도 무척 배가 고픈데."

"그럼 히파티아 님도 퀴즈를 푸세요."

"안 됩니다. 히파티아 님은 유명한 수학자이므로 앨리스에게 힌트를 제공하는 것 말고는 직접 문제를 푸실 수 없습니다. 둘은 동고동락이라고 하던 얘기 다 들었으니 다른 버섯을 먹어 보세요."

"앨리스, 내 배꼽시계도 알람이 울리고 야단법석이야."

"그래요. 남은 퀴즈가 어려울지도 모르니까 이쪽 각뿔 모양을 시식해 보세요."

우아할 것만 같았던 히파티아는 버섯밭 앞으로 허겁지겁 다가가 하나씩 뜯어먹으며 맛을 보았어요.

"으음, 이건 파인애플 같아. 오오, 이건 치즈 맛인데?"

한 번씩 맛을 본 앨리스와 히파티아는 각 버섯의 부분별 맛은 어떨지 몹시 궁금해졌어요.

"앨리스, 얼른 다음 퀴즈를 물어봐."

"두 번째 퀴즈는 뭔가요?"

"맛에 반한 모양이군. 이번 퀴즈는 버섯 하나를 골라 맘껏 맛보도록 해 줄게. 왼편 각기둥 모양 버섯과 오른편 각뿔 모양 버섯의 차이점을 말해 보렴. 자꾸 고객들이 와서 양쪽으로 밭을 나누어 심은 이유를 물어보는데, 내가 표현력이 부족해서 설명을 잘 못해 매번 식은 땀을 흘리거든."

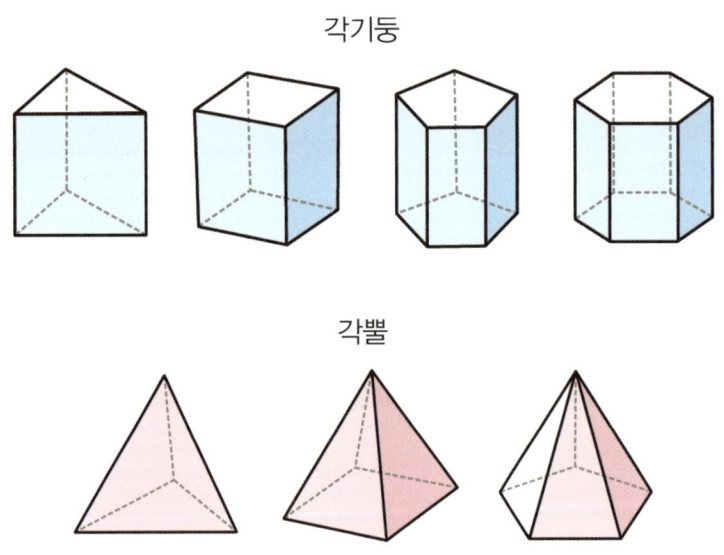

"이건 서술형 문제잖아요."

"긴장하지 말고 그냥 네가 아는 대로 말해 보렴. 내가 이해력은 괜찮은 편이니까."

"그러니까, 왼편 각기둥은 위와 아래 면이 똑같고……."

"앨리스, 합동!"

히파티아는 혹시라도 신기한 버섯을 더 이상 맛보지 못하게 될까 봐 안타까운 마음에 힌트를 외쳤어요.

히파티아의 해결법

합동
합동인 두 밑면의 대응하는 꼭짓점을 이은 모서리의 길이는 각기둥의 높이와 같아요. 이 모서리를 각기둥의 높이라고도 해요.

"각기둥은 위와 아래 면이 합동이면서 나란하고, 각뿔은 아래에 면이 하나뿐이에요."

"그럼 바닥은 원이어도 된다는 거야?"

"앨리스, 다각형! 다각형!"

"더 이상은 안 돼요. 히파티아 님."

"제가 정리해 볼게요. 각기둥은 위아래에 있는 면이 서로 평행하고 합동인 다각형이고, 각뿔은 다각형 밑면이 하나뿐인 입체도형이에요."

"장하다, 앨리스!"

"제법이네. 이제 고객들에게 당당하게 설명할 수 있을 것 같아. 좋

아, 하나 골라서 맘대로 먹어도 돼."

 앨리스는 마트에서 어느 수박이 잘 익었는지 보려고 두드려도 보고 선명한 줄무늬가 나 있는 것으로 세심하게 고르던 엄마처럼 버섯을 찬찬히 들여다보면서 골랐어요. 그중에서 사각뿔 모양의 버섯을 선택하고는 히파티아와 함께 마음껏 뜯어서 맛을 봤지요. 오렌지, 딸기, 망고 등 다양한 맛이 났는데 맨 위 꼭짓점은 초콜릿 맛이었어요. 버섯 하나만 있어도 일주일 내내 시장 갈 필요가 없을 듯했어요. 엄마가 이 사실을 알면 굉장히 좋아할 것 같았지요.

"쐐기벌레 님, 혹시 이 버섯 택배로 집에 보내면 안 될까요? 제발요. 이건 혼자 먹기 아까워서요. 온 가족이 함께 나누어 먹고 싶어요."

"앨리스가 여기 오더니 수학 실력도 늘고 마음씨도 더 따스해지는구나! 쐐기벌레 님, 이런 어여쁜 소녀의 소원인데 들어 줘요."

"나도 앨리스의 소원을 들어 주고 싶지만, 이상한 수학나라의 규칙을 어길 수가 없어. 모든 건 퀴즈를 풀어야 허락되거든. 그리고 외부로 택배를 보내려면 난이도가 제법 있는 문제를 풀어야 해."

"도전해 볼게요. 가족을 위해서, 특히 사랑하는 엄마를 위해서요."

"그럼 이 입체도형 버섯의 전개도를 완성해야 해!"

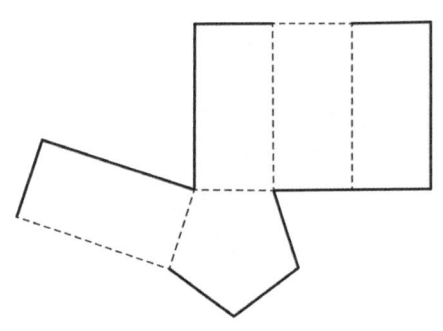

"어머, 무슨 전개도가 이렇게 생겼지?"

"그냥 제가 전개도를 그리는 게 더 쉽겠어요. 그냥 버섯 하나를 보여 주시면 제가 전개도를 그릴게요."

"안 돼. 문제를 바꿀 수는 없어. 문제의 조건을 마음대로 바꿀 수 없는 것도 규칙이야. 히파티아 님의 힌트를 찬스로 사용할 수는 있어."

"앨리스. 각기둥인지, 각뿔인지 구분해 봐."

"각기둥이 아니고 각뿔이에요. 밑면이 하나뿐이니까."

"아니, 이건 미완성 전개도잖아."

"아~ 이건 직사각형 모양이 여러 개 펼쳐져 있으니까 각기둥이네. 그리고 오각형이 하나 있으니까 오각기둥이구나! 별로 어렵지 않네."

"앨리스, 너 갈수록 수학적으로 사고를 잘하는구나!"

"칭찬이신 거죠? 감사합니다!"

"문제 풀다 말고 자화자찬에 빠졌군. 안 풀 거면 택배는 취소하는 걸로……."

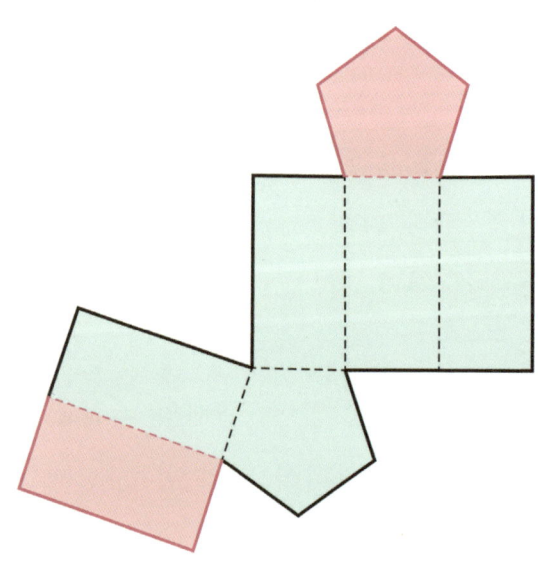

"아뇨. 풀고 있잖아요. 끝까지 기다려 주세요."

"점선은 접는 거니까 이 두 곳에 옆면과 밑면을 하나씩 그려 넣으면 돼요."

"기대 이상이구나. 좋아, 너의 집으로 버섯을 보내 줄게. 어느 버섯이 좋은지 골라 보렴."

"모든 버섯의 맛을 모르니까, 제일 정성 들여 개발하신 걸로 추천해 주세요."

"난 개인적으로 피라미드를 닮은 사각뿔이 맘에 들어. 우리나

라 과일과 열대 과일 맛이 나는 데다 건강을 신경 써서 채소 맛도 몇 가지 첨가했거든."

"좋아요. 그럼 그 버섯으로 고를게요. 저희 엄마는 채소를 무척 좋아하니까요."

피라미드를 닮은 사각뿔 모양의 버섯을 택배로 싸고 난 후 히파티아가 말했어요.

"앨리스, 이젠 우리 가던 길을 떠나야 하지 않을까?"

"그래요. 허기진 배를 채웠으니 더 빨리 달릴 자신 있어요."

쐐기벌레에게 정중하게 인사를 하고 손을 흔들며 헤어진 히파티아와 앨리스는 천천히 속력을 내며 뛰기 시작했어요.

내용 정리

각기둥

그림과 같은 도형을 각기둥이라고 해요.

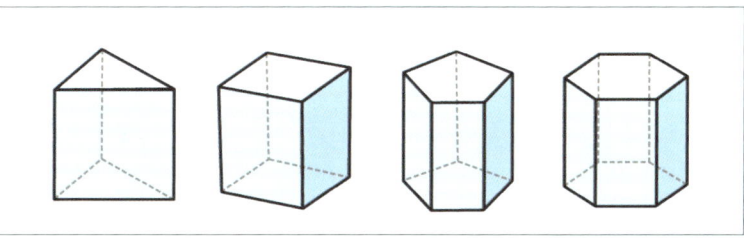

각기둥은 밑면의 모양에 따라 삼각기둥, 사각기둥, 오각기둥……이라고 불러요.

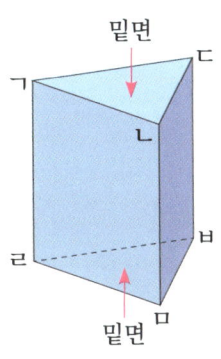

각기둥에서 면 ㄱㄴㄷ, 면 ㄹㅁㅂ과 같이 서로 평행하고 나머지 다른 면에 수직인 두 면을 밑면이라 하고, 밑면에 수직인 면을 옆면이라 해요.

각기둥에서 면과 면이 만나는 선분을 모서리라고 해요. 모서리와 모서리가 만나는 점을 꼭짓점이라고 하고 두 밑면 사이의 거리를 높이라고 하지요.

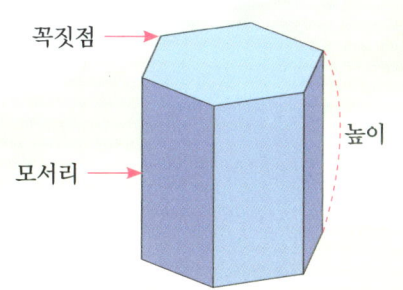

합동인 두 밑면의 대응하는 꼭짓점을 이은 모서리의 길이는 각기둥의 높이와 같아요. 이 모서리를 각기둥의 높이라고도 해요.

내용 정리

각뿔

그림과 같은 도형을 각뿔이라고 해요.

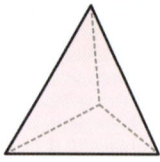 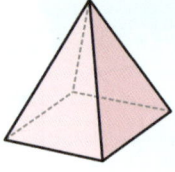 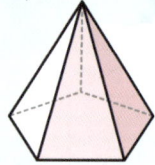

각뿔은 밑면의 모양에 따라 삼각뿔, 사각뿔, 오각뿔……
이라고 불러요.

각뿔에서 면 ㄴㄷㄹㅁ과 같은 면을 밑면이라 하고,
면 ㄱㄷㄹ과 같이 옆으로 둘러싼 면을 옆면이라고 해요.

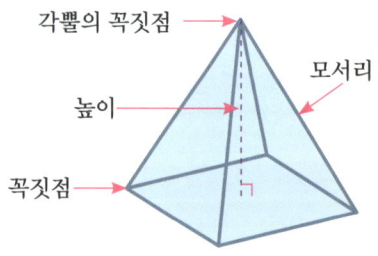

각뿔에서 면과 면이 만나는 선분을 모서리라 하고,
모서리와 모서리가 만나는 점을 꼭짓점이라고 해요.
꼭짓점 중에서도 옆면을 이루는 모든 삼각형이 만나
는 점을 각뿔의 꼭짓점이라고 하고, 각뿔의 꼭짓점
에서 밑면에 수직인 선분을 높이라고 해요.

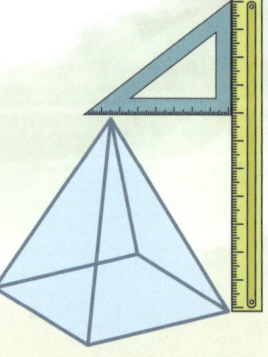

각기둥의 모서리를 잘라서 펼쳐 놓은 그림을 각기둥의 전개도라고 해요.

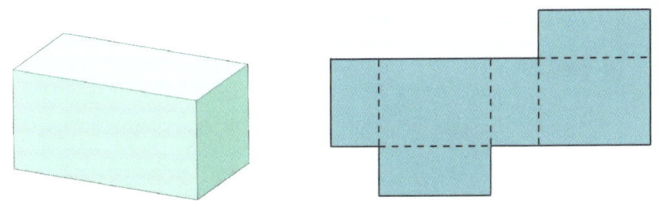

각기둥과 각뿔의 꼭짓점, 면, 모서리의 수 사이에는 규칙이 있어요.

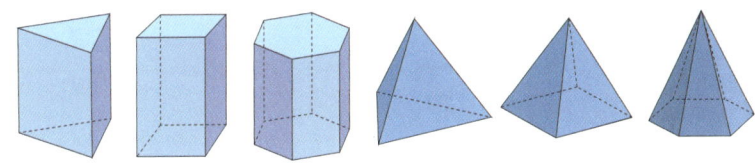

입체도형	꼭짓점의 수	면의 수	모서리의 수
삼각기둥	6	5	9
사각기둥	8	6	12
오각기둥	10	7	15
삼각뿔	4	4	6
사각뿔	5	5	8
오각뿔	6	6	10

(꼭짓점의 수)+(면의 수)−(모서리의 수)=2

> 히파티아가 들려주는
> **생활** 속 수학 이야기

직사각형으로 정사각형 만들기

"안녕? 애들아. 그동안 수학 공부 많이 했니?"

"그럼요, 이젠 수학 공부가 재미있어졌어요. 하지만 아직도 어떤 친구들은 도형 문제가 나오면 머릿속이 하얘지고 가슴이 답답해진다는데, 그건 왜 그러는 거죠?"

"아직도 울렁증이 너희들을 괴롭히는구나. 오늘은 그런 너희들을 위해 도형에 대해서 함께 생각해 보려고 색종이를 가지고 왔어."

"우와, 역시 히파티아 님이셔. 히파티아 님의 수고가 헛되지 않도록 저희들이 열심히 공부해서 우리나라보다 가난한 나라 아이들을 돕는 사람이 될게요."

"어쭈, 제법인데? 오늘 미션은 이 직사각형 색종이를 잘라서 정사각형으로 만드는 거야. 자른 색종이를 겹치지 않게 하얀 종이 위에 놓고 풀로 붙이는 문제지. 색종이는 가로 10cm, 세로

20cm이고, 겉면은 분홍색, 뒷면은 연두색인 직사각형이지. 자, 시작해 봐라. 단, 직사각형을 3조각으로 나누어야 한단다."

"히파티아 님, 저 했어요. 생각보다 쉽네요~"

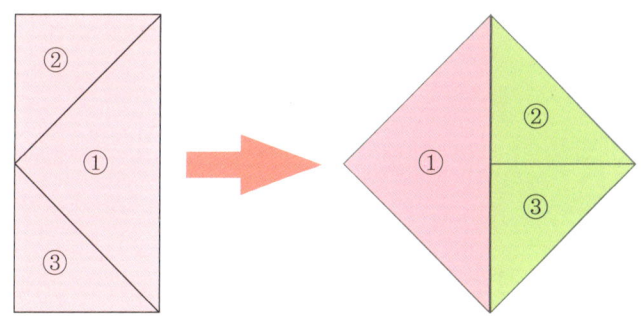

직사각형을 3조각으로 자르는 방법

"역시 대한민국 아이들이 수학적 감각이 있는 것 같아! 그럼, 2번째 미션은 직사각형 색종이를 4조각으로 나누어서 정사각형을 만드는 거야."

"야호, 히파티아 님~ 이번 문제는 제가 해결했어요."

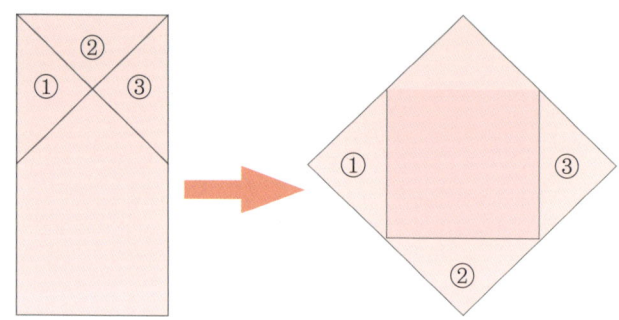

직사각형을 4조각으로 자르는 방법

"아니, 너희들은 수포자라면서 어떻게 이렇게 도형 문제를 척척 푸니?"

"수학 교과서는 재미없지만 히파티아 님이 내 주시는 문제는 재미있는걸요?"

"그래? 너희들이 좋아하니까 나도 재미있고 찾아온 보람이 있구나! 마지막으로 3번째 미션은 십자 모양의 색종이를 5조각으로 나누어서 정사각형으로 만드는 거란다."

잠시 침묵이 흘렀어요.

"히파티아 님~ 이건 모르겠어요. 잘 안 되는데요!"

"이 십자 모양 도형은 가로가 15cm, 세로가 15cm야. 5등분을 한다고 생각하고 3cm씩 네 귀퉁이에서 잘라서 다음과 같이 맞추면 한 변이 9cm인 정사각형이 된단다."

"우와~ 이런 방법도 있네요. 역시 수학도 손으로 만들면서 하

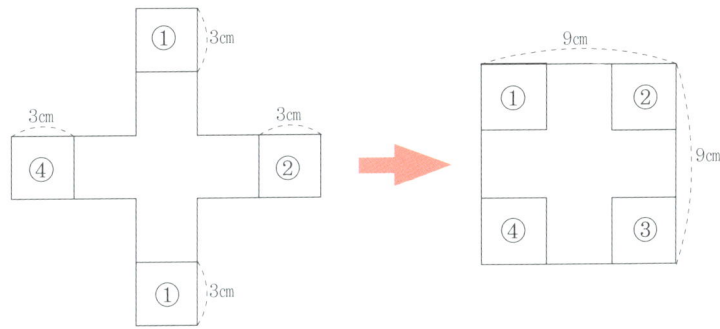

십자 모양으로 정사각형 만들기

니까 더 재미있어요!"

"그래서 독일에선 청소년들이 수학을 눈으로 보고, 손으로 만지면서 체험할 수 있는 수학 박물관을 세웠단다."

"우와, 완전 부러워요~"

"히파티아 님, 제 친구가 그러는데요. 서울의 노원구에서는 수학 박물관을 건립하는 중이고, 부산시 기장에도 수학과학창의체험관 궁리마루가 있다고 들었어요."

"그럼 그래야지. 대한민국 수학자들이 수학 박물관 건립을 위해 백방으로 노력한다는 소문을 들었는데 벌써 시작하고 있었구나! 그럼, 오늘은 이만 하자꾸나. 담에 또 올게. 안녕~"

이야기 4

하트 여왕이 낸 문제를 푼 앨리스

　앨리스와 히파티아가 도착한 곳에는 화려한 꽃밭과 시원한 분수가 있는 아름다운 정원이 펼쳐져 있었어요. 정원 입구에는 하얀 장미꽃이 만발한 장미나무가 줄을 지어 있고 세 명의 정원사가 분주하게 장미를 손질하고 있었지요. 가까이 다가가 보니 나뭇가지를 치고 있는 것이 아니라 손에 붓을 들고 장미꽃에 빨간 페인트를 칠하고 있었어요.
　"조심해, 5번! 페인트가 튀잖아."
　"7번, 페인트를 칠하는 내 속력이 부러워 그러는 거 다 알거든. 괜히 트집 잡지 말라고."
　5번 정원사가 뽐내며 대꾸했어요. 그러자 7번이 고개를 들고는 빈정거렸어요.

"그래, 너의 칠하는 속력이야 빠르지. 이렇게 옆 사람에게 페인트가 튀든 말든 신경도 안 쓰고 혼자서만 빨리 완성하는 욕심쟁이지!"

"그만해. 이러다가 여왕님 오시기 전에 다 칠하지도 못하겠네."

2번 정원사가 둘의 다툼을 말렸어요. 그 순간 세 정원사는 자신들을 지켜보는 앨리스와 히파티아를 발견했어요. 세 정원사는 깊이 허리를 숙여서 인사를 했지요.

"뭘 하시는 거예요? 왜 어울리지 않게 페인트를 들고 장미꽃을 칠하고 있나요?"

"그게 말이야. 여왕이 이 자리에 하얀 장미나무를 심으라고 해서 심었더니 맘에 들지 않는다고 빨간 장미로 모두 바꾸라고 하잖아. 몽땅 뽑고 빨간 장미를 가져와 심으려면 며칠 시간이 필요하다고 했더니 성질 급한 여왕이 당장 페인트칠을 하라고 버럭 화를 냈어. 다시 오후에 올 테니 그때까지 빈틈없이 완벽하게 칠해 놓지 않으면 목을 치겠다고 말이야. 그래서 내가 이렇게 솜씨를 발휘하는 중이지."

5번 정원사가 어깨를 으쓱하며 말했어요.

잘난 척하는 정원사의 이야기를 듣던 앨리스는 정원사의 몸에 그려진 스페이드 모양을 보고 웃음을 터트렸어요.

"칠 솜씨가 그렇게 좋다면서 본인 몸의 스페이드 모양은 형편없으시군요."

그러자 세 정원사는 일제히 자기 몸을 내려다봤어요.

"무슨 소리야. 스페이드가 뭐가 어떻다는 거지?"

5번 정원사는 자기 솜씨를 비웃는 앨리스의 말에 조금 흥분했어요.

"아냐, 맞아. 난 2번이라 스페이드 2개, 넌 5번이니까 5개."

"그게 아니라 제가 본 트럼프 카드에는 스페이드가 모두 합동이

히파티아의 해결법

서로 포개었을 때 모양과 크기가 같아서 완전히 겹쳐지는 것을 합동이라고 해요. 대칭축(반으로 접었을 때의 선)을 중심으로 완전히 겹쳐지는 도형은 선대칭도형이라고 하고, 한 도형을 어떤 점을 중심으로 180도 돌렸을 때 처음 도형과 완전히 겹쳐지면 점대칭도형이라고 해요. 트럼프 카드에 있는 스페이드, 하트, 다이아, 클로버는 대칭축을 중심으로 완전히 겹쳐지므로 선대칭도형이랍니다.

었는데 정원사님 몸의 스페이드는 여기저기 다 지워졌는지 제각각이잖아요? 여왕님이 장미를 확인하러 오셨다가 정원사들 몸의 스

페이드 모양이 마음에 안 든다고 목을 치실 것 같은데요."

가만히 지켜보던 히파티아가 입을 열었어요.

"앨리스 말이 맞아. 모든 스페이드는 합동이고 스페이드 자체도 반으로 접었을 때 완전히 겹쳐지는 선대칭도형이야. 접었을 때의 선은 대칭축이라고 부르지."

"뭐, 선대칭도형?"

세 정원사는 일제히 큰 소리로 외쳤어요.

"5번~ 네 스페이드 엉망이야."

"남 걱정하지 마. 너도 마찬가지야."

"그렇지. 여왕은 깐깐하고 성격이 급해서 화를 낼지도 몰라. 모두 똑같아야 한다고? 이를 어쩐담. 장미 칠할 시간도 빠듯한데."

7번 정원사는 붓을 들고 자신에게 칠하려고 해 보았지만 손목이 꺾여서 잘되지 않았어요.

"서로 칠해 주면 되잖아요."

"그렇군. 서로 그려 주면 여왕님이 오시기 전에 시간 내에 둘 다 가능할 거야. 우리는 모두 솜씨가 탁월하니까."

세 정원사는 서로 사이좋게 스페이드를 그려 주고는 기뻐했어요. 반으로 접었을 때 완벽히 겹쳐지는 스페이드를 향해 엄지손가락을 세우며 칭찬을 주고받았지요.

그때 수많은 발자국 소리가 저벅저벅 울려왔어요. 5번 정원사는 정원 건너편을 바라보더니 불안한 얼굴로 비명을 질렀어요.

"여왕님이다! 여왕님이 오신다!"

동시에 세 명의 정원사는 땅바닥에 코가 닿을 만큼 납작 엎드렸어요.

앨리스는 여왕을 보려고 두리번거렸어요. 맨 앞에서 행진해 오는 병사들은 클로버로, 신하들은 다이아몬드로 번쩍번쩍 장식을 했어요. 바로 그 뒤에는 하트 모양의 장식품을 단 왕자와 공주들이 따라왔지요. 그 뒤에 무수히 많은 손님들이 함께 걸어오고 있었는데, 그 속에 헬멧을 쓴 흰토끼도 끼어 있었어요. 토끼를 막 부르려고 하는데 화려한 행렬 맨 뒤에 하트 왕과 하트 여왕의 모습이 나타났어요.

깜짝 놀란 앨리스는 정원사들처럼 자신도 땅에 엎드려야 하는지 잠시 고민했어요. 하지만 행렬을 만나면 그렇게 해야 된다는 규칙을 들은 기억은 없었어요.

'저렇게 납작 엎드렸다가는 토끼님을 또 놓치게 될지도 모르잖아.'

가만히 서 있는 앨리스 코앞까지 오자 긴 행렬은 모두 행진을 멈추었어요.

"장미를 빨간색으로 칠하라고 한 지가 언젠데, 아직도 이렇게 흰색이 여기저기 남아 있는 거야? 당장 정원사의 목을 쳐라!"

끓어오르는 분노로 얼굴이 시뻘겋게 변한 여왕은 사나운 목소리로 소리쳤어요.

"이 아인 또 누구지? 감히 내 앞에 고개를 들고 서 있다니. 정원사들과 함께 이 아이의 목도 쳐라!"

깜짝 놀란 정원사들은 일제히 일어서며 애원했어요.

"여왕님, 아닙니다. 저희들이 일하지 않고 빈둥거린 게 아니라 이렇게 스페이드를 완벽한 선대칭도형이 되도록 그렸어요."

정원사들은 완벽한 대칭이 된, 자신들의 몸에 그려진 스페이드를 내밀며 황급히 말했어요.
 "뭐라고? 원래 스페이드 개수와 똑같은데 목숨이 아까워 변명을 둘러대다니."
 "여왕님 진정하십시오. 이것 좀 보세요. 여왕님의 하트 모양은 왼쪽이 오른쪽보다 조금 크잖아요."

여왕은 자기 하트를 자세히 바라보았어요.

"바로 이 소녀가 우리에게 선대칭도형에 대해 알려주었어요. 여왕님이 보시기에 좋도록 칠하라고 말해 준 고마운 소녀라고요."

여왕은 앨리스를 쳐다보며 물었어요.

"네 이름이 뭐냐?"

"제 이름은 앨리스입니다. 여왕 폐하."

"네가 그렇게 똑똑하다고? 그럼 그 선대도형인가, 선대칭인가에 대해 나에게 제대로 설명해 보렴."

"여왕님, 그 설명은 저희 히파티아 님께 부탁드려도 될까요? 이 분은 아주 유명하신 수학자랍니다."

"오오, 여성 수학자라고? 지금껏 여성 수학자는 한 번도 만난 적이 없는데."

히파티아는 치맛자락을 우아하게 가다듬으면서 여왕님께 목례로 인사를 했어요.

"히파티아. 만나서 반갑소. 내 하트가 무엇이 문제인지 설명을 해 보게."

"저도 여왕님을 직접 뵙게 되어 무한한 영광입니다. 여왕님께서 대칭을 기억하지 못할 만큼 과중한 업무로 바쁘신가 봅니다."

"뭐라고, 지금 내가 무식하단 말인가? 이 자의 목을……."

얼굴이 새빨개진 여왕이 소리를 지르자마자, 놀란 히파티아는 여왕의 말을 낚아챘어요.

"아니옵니다, 여왕 페하! 어찌 제가 감히 무례한 말씀을 드릴 수 있겠어요? 나라를 위해 온종일 일하심을 말씀드린 것입니다. 제가 선대칭도형에 대해 상세히 설명하겠습니다."

잠시 숨을 가다듬은 히파티아는 여왕의 옷에 있는 하트 모양을 가리키며 말했어요.

"도형 하트를 반으로 접으면 완전히 겹쳐집니다. 이렇게 반으로 접었을 때 완전히 겹쳐지는 도형을 선대칭도형이라고 하옵니다."

"완전히 포개어져야 한다고? 그렇다면 지금껏 내 하트가 양쪽이 달랐다는 거야? 그동안 신하들은 뭘 한 거야. 즉시 모두 자기 몸에 그려진 도형이 선대칭도형인지 확인하라."

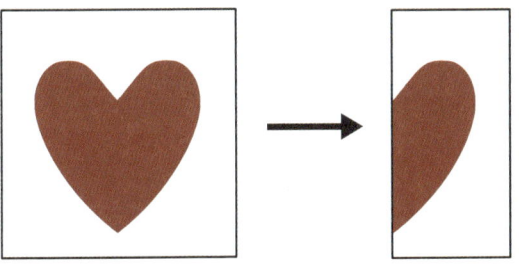

신하들이 얼른 뛰어나와 여왕님의 의복을 벗기려고 하자 여왕은 버럭 화를 냈어요.

"지금 환한 대낮에, 이렇게 많은 사람들이 모인 장소에서 감히 내 의복에 손을 대다니!"

신하들은 당황하여 얼른 옷에서 손을 떼며 말했어요.

"여왕님, 하지만 대칭을 확인하려면 하트를 접어서 포개어지는지 확인을 해야 한다니까, 어쩔 수가 없사옵니다."

이 모습을 지켜보던 앨리스가 여왕 앞으로 당당하게 걸어갔어요. 여왕은 '이 소녀는 참 당돌하군!' 하고 속으로 생각했어요. 혹시라도 이 소녀와 히파티아가 뭔가를 알고 있을지도 모른다는 생각에, 창피를 당할까 봐 살짝 걱정이 되어 함부로 말하지 않았지요.

"제가 여왕님께서 옷을 입으신 채로 하트가 대칭이 되도록 해 드리겠습니다."

"정말 옷을 벗지 않고도 하트를 대칭으로 만드는 다른 방법이 있다는 말이냐? 그럼 모두 정원사들에게 부탁하여 대칭이 되게 칠하도록 하라."

5번 정원사가 얼른 뛰어와서 종이와 가위를 앨리스의 손에 쥐여 주었어요. 이상한 수학나라 입구에 서 있던 히파티아는 앨리스가 문제를 해결하려고 여왕 앞으로 당당하게 걸어나가는 걸 보며, 수학이라면 자신 없다고 했던 예전의 앨리스 모습이 떠올라 흐뭇한 미소를 지었어요. 연필과 연습장만 붙잡고 '수학은 싫어! 매일 계산만 시키다니!' 하고 맘속으로 비명을 지르는 많은 아이들에게 이상한 수학나라에 대해 알려 줘야겠다고 결심했지요.

모든 사람들이 앨리스를 빙그레 둘러쌌어요. 앨리스는 어깨를 으쓱하며 '별것도 아닌 일에 왜들 이러는 거지?' 하고 생각했어요.

앨리스는 종이를 반으로 접어 선을 따라 쓱쓱 자르더니 펼쳐서 여왕의 옷에 가져다 붙였어요.

"왜 옷을 꼭 반으로 접으려고 해요? 이렇게 하면 되잖아요."

모두들 저렇게 쉬운 걸 몰랐다는 게 어이없게 느껴져 서로의 얼굴을 쳐다보며 웃었어요.

"그러네. 이렇게 쉬운 방법이 있었군. 그런데 그걸 어떻게 알았니? 앨리스."

"히타피아 님이 설명해 주신 대로 한 것뿐이에요. 그런데 이상하네요. 평소 전 수학은 항상 책에서 문제 풀 때만 필요하다고 생각했는데……."

"그동안 수학은 일상생활에 아무 필요가 없다는 선입견을 가지고 있었는데, 이상한 수학나라에 와서 퀴즈를 자주 풀다 보니 수학에 대한 호기심이 자연스럽게 생겼나 봐."

히파티아가 앨리스의 머리를 쓰다듬으며 말했어요.

"디자이너, 어서 와서 이 하트를 가져가서 내 옷장 속 의복을 몽땅 수선하도록 해. 그리고 앨리스에게 물어볼 수학 문제를 대령하도록 해."

갑자기 무리 속에 있었던 토끼가 생각나 앨리스는 눈을 크게 뜨고 까치발을 하고서는 토끼를 찾기 시작했어요. 하지만 무리가 앨리스를 둘러싸고 있어 도저히 찾을 수가 없었어요.

"여왕님~ 안 돼요. 계속 이곳에서 이렇게 지체하고 있을 수는 없어요. 토끼를 쫓아가야 하거든요."

"아니, 그럴 수는 없어. 어찌되었든 너 때문에 정원사들이 해야 할 일을 다 마무리하지 못한 것에 대한 책임은 져야지."

"제가 정원사의 옷이랑 여왕님 옷도 완벽하게 만들어 드렸잖아요. 너무하세요."

"정원사! 정원사! 어서 장미에 빨간 칠을 하도록! 명령을 어기겠다는……."

그러자 2번, 5번, 7번 정원사는 바로 장미나무 앞에 서서 칠을 하기 시작했어요.

"고마운 건 고마운 거고. 정원사, 어서 장미에 빨간색 칠을 하도록! 칠을 완벽하게 하려면 집중해야 해. 만약 딴청을 부리다가 대칭이 완벽하지 않으면 가차 없이 목을 치겠어. 앨리스, 너도 퀴즈를 풀도록 해."

역시 여왕의 성격은 제멋대로인 데다 막무가내였어요. 신하들, 공주와 왕자들은 분주하게 문제를 쪽지에 적느라 정신이 없었지요. 바로 그때 귀여운 공주가 한 명 뛰어오더니 여왕에게 쪽지를 내밀었어요.

"저는 평소 직사각형을 4조각으로 잘라야 할 때마다 한 가지 방법밖에 몰라서 늘 고민이에요. 직사각형을 자르는 다양한 방법을 알고 싶어요."

그러자 여왕은 앨리스에게 명령을 내렸어요.

"앨리스. 직사각형을 최대한 다양한 방법으로 4조각으로 잘라 보도록."

직사각형을 그림과 같이 네 조각으로
잘라 4개의 합동인 도형으로 만드시오.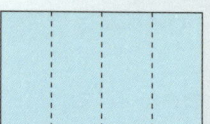

앨리스는 조금 당황하더니 받아 든 종이들을 2조각이 되도록 접었어요.

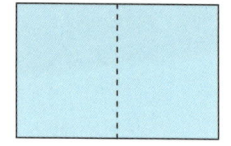 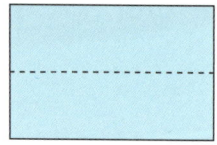 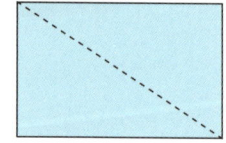

앨리스는 침착하게 2조각으로 접힌 각각의 종이를 다시 접어 4조각이 되도록 접었어요. 척척 4가지 방법을 완성한 다음 바닥에 내려놓았지요.

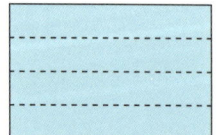 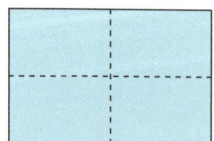 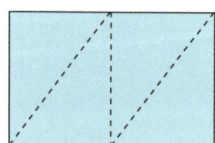 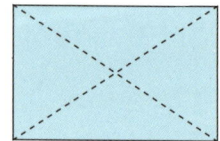

"그런 방법이 있었군. 좋아. 그런데 모양이 좀 단조로운데, 특이한 모양은 없어?"

"잘 모르겠어요. 히파티아 님께 SOS를 해도 되나요?"

"그래. 혼자 4가지를 만들었으니, 히파티아 님께 도움을 요청하도록 해."

"히파티아 님, SOS~~."

히파티아는 모눈종이를 그려 앨리스에게 보여 주며 말했어요.

"앨리스, 직사각형을 이렇게 모눈종이로 생각해 봐. 그러면 한 조각마다 몇 칸씩 묶으면 되겠어?"

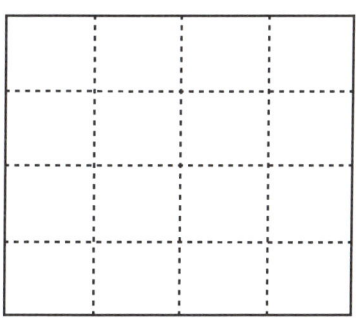

"그야 물론 4칸이죠."

"그 4칸을 세로, 가로 방향으로 나열한 게 네가 찾은 방법이지. 이번엔 4칸을 좀 다르게 연결해 봐."

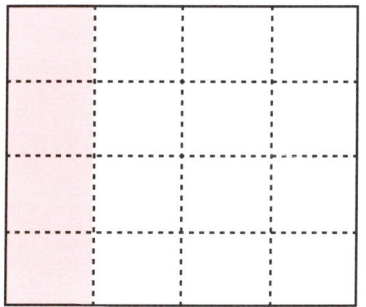
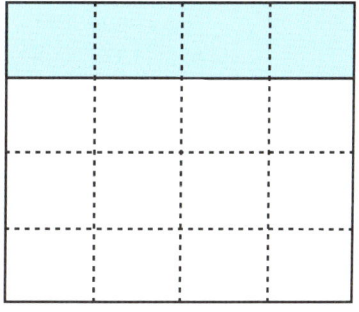

"저는 아까 한 칸만 옮겼는데, 아하~ 이렇게 지그재그 방향으로 나누면 되는군요."

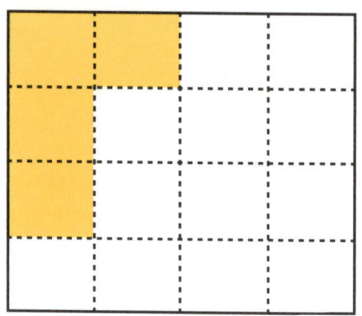 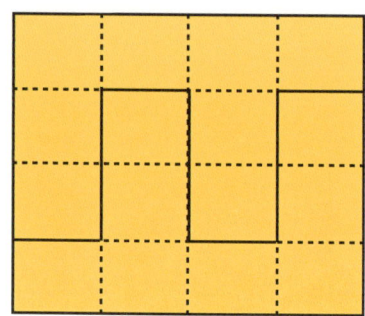

"그래, 바로 그거야. 앨리스는 이제 척하면 척이구나. 지그재그 방향의 모양에서 이렇게 한 칸이 아니라 반 칸씩 이동시켜 바꿔도 돼."

죽이 잘 맞는 앨리스와 히파티아의 호흡에 여왕은 흡족해하며 "다음 퀴즈~"라고 외쳤어요. 그러자 하트 모양을 들고 여왕의 옷장에 갔던 디자이너가 헐레벌떡 뛰어왔어요. 손에는 기다란 드레스가 들려 있었지요.

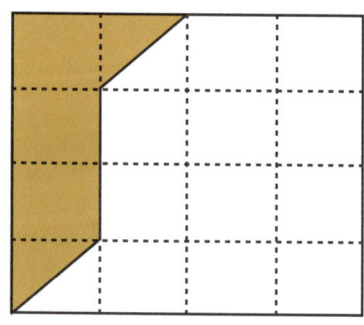

"여왕님, 이 무늬가 하트처럼 대칭축으로 완벽히 포개어지는 선대칭도형인지는 알겠는데요! 점대칭도형인지는 잘 모르겠어요."

"앨리스, 이 무늬가 점대칭도형인지 알 수 있는 방법을 설명해 보렴."

오른쪽 무늬가 점대칭도형인지를 알 수 있는 방법을 간단히 설명하시오.

"그건 어렵지 않아요. 이렇게 대칭의 중심을 찍은 다음 반 바퀴 돌렸을 때 처음과 완전히 포개어지면 돼요. 쉽죠?"

"아, 이렇게 바람개비처럼 휘리릭 돌리면 된다고?"

그때 세 정원사가 손에 붓을 든 채로 급한 걸음으로 걸어왔어요.

"여왕님, 칠을 모두 완료했습니다."

"그래? 앨리스, 이제 약속대로 떠나도 좋다."

"맞다. 아무리 급해도 이건 얘기 드리고 가야겠어요."

깜빡했던 것이 이제 막 기억난 앨리스가 자기 머리를 톡 치면서 5번 정원사를 바라보았어요.

"정원사님, 색칠하는 솜씨는 좋으신데 본인 옷도 좀 신경 쓰세요."

"또, 뭐가?"

5번 정원사는 놀라서 자기 스페이드를 쳐다보았어요.

"다른 정원사들은 괜찮은데, 5번 정원사님의 스페이드 배열만 대칭이 아니더라고요."

"아, 배열도 대칭이어야 한다고?"

"네, 7번 정원사님의 스페이드 배열은 세로 방향으로 접으면 대칭이거든요. 그런데 5번 정원사님은 왼쪽은 3개, 오른쪽은 2개여서 대칭이 안 돼요."

"그럼 어떻게 고쳐야 하는 거야?"

"쉬워요. 왼쪽 가운데 스페이드를 중심으로 이렇게 옮기기만 하면 끝이에요."

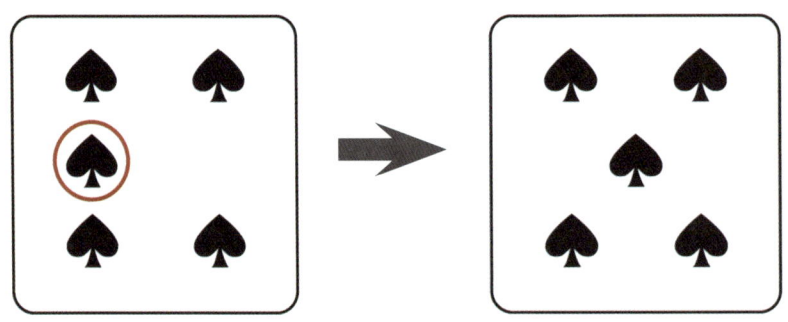

"우와, 이제 뭔가 균형이 잡힌 거 같은데?"

"색칠하는 실력만 기르지 말고 도형 공부도 좀 하세요."

앨리스의 모습을 먼발치에서 지켜보던 토끼는 전동자전거에 올라타고는 천천히 다시 달려갔어요.

'앨리스, 제법인걸? 이상한 수학나라에 흠뻑 빠졌군. 마지막 난

코스만 잘 통과하면 되겠어. 내가 얼른 달려가야 쫓아오겠지.'

토끼가 속력을 슬슬 올리자 앨리스의 귀에 '쌩쌩~' 전동자전거 소리가 들려왔어요.

"어, 이건 자전거 바퀴소리잖아."

놀란 앨리스는 여왕님께 예의를 다해 인사했어요.

"여왕님, 이제는 제가 해야 할 일을 다 한 거 맞죠? 제가 좀 급해서요, 빨리 토끼를 쫓아가야 하거든요."

인사를 마치고 나서 앨리스는 마치 화살이 날아가듯 쏜살같이 토끼를 따라 달렸어요.

서로 포개었을 때, 모양과 크기가 같아서 완전히 겹쳐지는 두 도형을 서로 합동이라 해요.

합동인 두 도형을 완전히 포개었을 때, 겹쳐지는 점을 대응점, 겹쳐지는 변을 대응변, 겹쳐지는 각을 대응각이라고 해요.

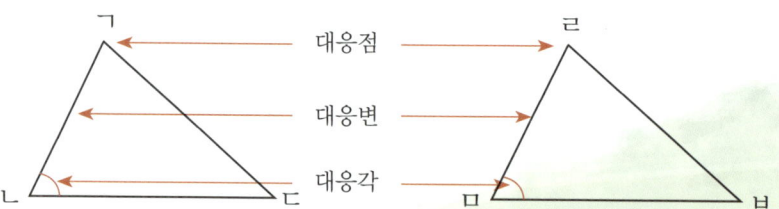

한 직선을 따라 접어서 완전히 겹쳐지는 도형을 선대칭도형이라고 해요. 이때 그 직선을 대칭축이라고 하지요.

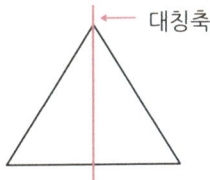

선대칭도형 그리는 방법

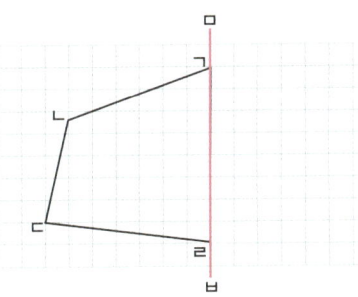 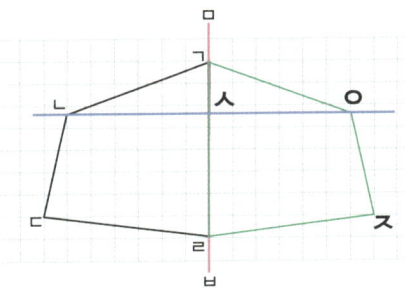

① 점 ㄴ에서 대칭축 ㅁㅂ에 수선(어떤 직선이나 평면과 직각을 이루는 직선)을 그었을때, 대칭축과 만나는 점을 점 ㅅ이라 해요.
② 이 수선에 선분 ㄴㅅ의 길이와 같도록 점 ㄴ의 대응점 ㅇ을 찍어요.
③ ②와 같은 방법으로 점 ㄷ의 대응점을 찍습니다.
④ 점 ㄱ, 점 ㅇ, 점 ㅈ, 점 ㄹ을 차례로 이어 도형을 그리면 돼요.

한 도형을 어떤 점을 중심으로 180도 돌렸을 때 처음 도형과 완전히 겹쳐지면 이 도형을 점대칭도형이라고 해요. 이때 이 점을 대칭의 중심이라고 해요.

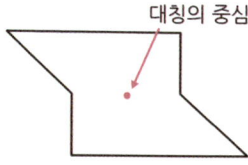

점대칭도형 그리는 방법

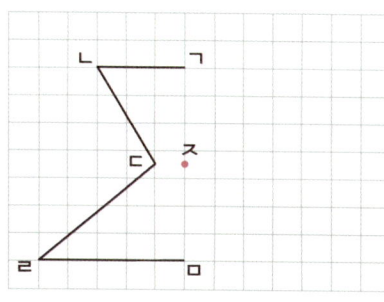 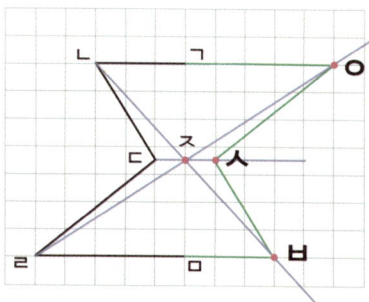

① 점 ㄴ에서 대칭의 중심 ㅈ을 지나는 직선을 그어요.
② 선분 ㄴㅈ과 선분 ㅈㅂ이 길이가 같아지도록 점 ㅂ을 찾아 표시해요.
③ ②와 같은 방법으로 각각 점 ㄷ과 점 ㄹ의 대응점인 점 ㅅ과 점 ㅇ을 표시해요.
④ 점 ㅁ과 점 ㅂ, 점 ㅂ과 점 ㅅ, 점 ㅅ과 점 ㅇ, 점 ㅇ과 점 ㄱ을 차례로 이으면 점대칭도형이 됩니다.

히파티아가 들려주는
역사 속 수학 이야기

세종대왕이 어릴 때 가지고 놀던 칠교판

"애들아, 이거 본 적 있니?"

"그럼요. 초등학교 수학 교과서에서도 본 적 있고요, 유치원 때도 했어요."

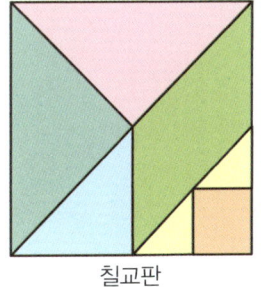

칠교판

"대한민국 아이들은 역시 수학 공부를 많이 하긴 하는구나. 근데 문제는 아이들이 수학을 마지못해서 하니까 성적은 좋지만 재미를 못 느끼거나 수포자가 많아지는 게 정말 큰일이지. 이걸 뭐라고 불렀니?"

"칠교판이라고 했던 것 같아요."

"맞아. 7개의 조각으로 되어 있어서 칠교판이라고 해. 외국에서는 탱그램(Tangram)이라고도 불러. 중국 당나라 때 만들었는데 서양에 전달되면서 '당'이 '탱'으로 발음된 것이지. 대한민국의 글자 한글을 만든 세종대왕이 어렸을 적에 가지고 놀았던

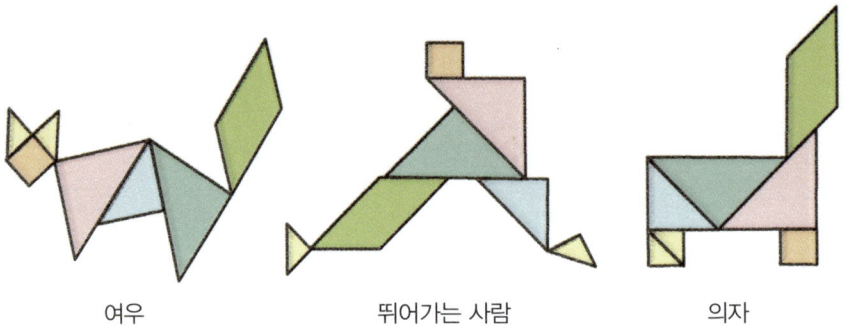

여우　　　뛰어가는 사람　　　의자

놀잇감이야."

"히파티아 님, 저희도 유치원에서 칠교판으로 사람도 만들고 여우도 만들었어요."

"저는 의자도 만들었어요."

"우와! 어릴 때 이런 작품을 만들다니 대단한걸. 그 옛날 세종대왕이 어렸을 적에 이 칠교판을 가지고 놀면서 한글을 만드는 아이디어를 얻었다고 주장하는 한국의 유아교육학자가 있던데 그 말이 맞는 거 같구나."

"정말요? 우리는 단순히 가지고 놀았던 건데 이걸로 한글의 아이디어를 얻다니, 역시 우리 세종대왕님은 대단한 분이야."

"히파티아 님은 우리보다 한국 상황을 더 잘 아시네요. 우리 부모님들도 칠교판에 대해서는 잘 모르고, 학교 선생님들도 그런 이야기는 안 해 주셨는데……."

"그러니까 내가 너희들을 찾아온 거 아니겠니? 부산에 있는 고신대학교의 김상윤 명예교수는 세종이 어렸을 적에 놀잇감이 별로 없어서 칠교판을 자주 가지고 놀았을 거라고 주장했어. 그러니까 한글을 만들 때 여기서 힌트를 얻었을 것이라는 거지."

"정말요? 우와~ 정말 희한하네요."

"좀 더 자세히 설명해 주세요. 우리가 가지고 놀던 놀잇감에서 한글에 대한 아이디어를 얻었다니 믿어지지가 않아요."

홀소리	ㅏ	ㅓ	ㅗ	ㅜ	ㅡ	ㅣ	ㅑ	ㅕ	ㅛ	ㅠ
도형	▶	◀	▲	▼	◢	◣	▶▶	◀◀	▲▲	▼▼

"자, 이 표를 보고 한 번 생각해 보렴."

"그러니까, 칠교판의 큰 삼각형을 놓은 방향에 따라 'ㅏ ㅓ ㅗ ㅜ'로 부른다는 거죠?"

"그렇지. 평행사변형은 ㅣ로, 그리고 이중모음 ㅑ ㅕ ㅛ ㅠ는 작은 삼각형을 2개씩 놓았다는 거야."

"정말 그럴싸하네요."

"모음은 쉽지만 자음은 좀 까다로울 것 같아요."

"자음도 함께 생각해 보자."

"작은 삼각형을 놓은 방향에 따라 ㄱ ㄴ ㄷ ㄹ을 만들 수 있고, 정사각형과 작은 삼각형을 붙여서 ㅂ, 정사각형으로 마름모처럼 놓으면 ㅇ, 평행사변형은 ㅈ……."

"자, 그럼 우리 '어머니'라는 단어를 한 번 만들어 볼까?"

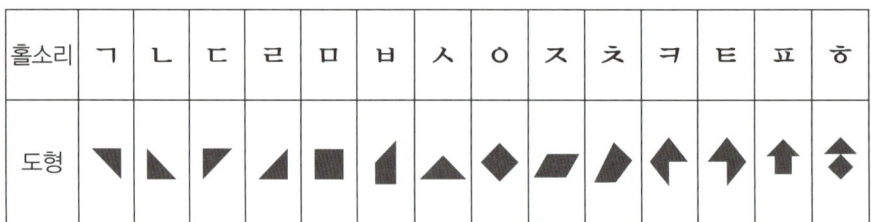

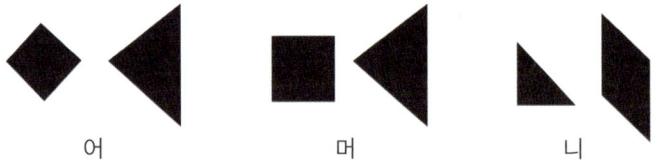

어　　　　머　　　　니

"히파티아 님, 아버지는 저희들이 만들어 볼래요."

아　　　　버　　　　지

"좋아, 아주 잘했어~ 한글이 세계문자대회에서 가장 우수한 문자로 뽑힌 사실도 알고 있지?"

"우리 조상님들이 정말 자랑스러워요~"

"세종이 칠교판에서 한글의 아이디어를 얻었다면 중국에서 전해준 칠교판으로 역사상 아주 훌륭한 업적을 남긴 셈이지. 그만큼 이 칠교판은 아이들 창의력 향상에 좋은 훌륭한 놀잇감인 것 같아.

아~ 오늘은 정말 뿌듯하구나. 칠교판을 활용해 수학의 도형을 한글과 연결시켜 공부하고 나니 머리가 상쾌해진 것 같아."

"히파티아 님, 저희도 정말 감사드려요. 이제 수학에 대한 울렁증이 없어진 것 같아요."

이야기 5

수학왕이 된 앨리스

앨리스는 가쁜 숨을 쉬며 최선을 다해 달렸어요. 그런데 기다란 복도가 놀이동산의 청룡열차처럼 생긴 것 같기도 하고 맛있는 꽈배기 모양 같기도 한 게, 아무튼 고속도로처럼 쭉 뻗은 건 아닌 듯했어요.

"안 되겠어. 이젠 더 이상은 못 쫓아가겠어."

"정말? 들던 중 너무너무 반가운 얘기다!"

히파티아는 지쳐서 얼굴이 핼쑥했어요.

"아무래도 버튼만 누르면 움직이는 전동자전거 타는 토끼를 쫓겠다고 생각한 제가 어리석었던 것 같아요."

바로 그때, 앞서 달리던 토끼가 커다란 문을 열고 순식간에 어느 방 안으로 들어가 버렸어요. 앨리스도 문을 열고 얼른 쫓아 들어갔지요. 그런데 포기하려던 앨리스를 약 올리기라도 하듯 몇 걸음 앞에 토끼가 서 있었어요.

'뭐야. 내 마음속을 다 읽고 있는 것 같잖아. 약 올라.'

마음을 가다듬고 다시 바라보니, 토끼가 오른손에는 가느다란 트럼펫을 들고 왼손에는 돌돌 말린 양피지 두루마리를 들고 서 있는 게 아니겠어요?

정신을 차리고 주위를 살펴보니, 토끼의 옆에는 하트 왕과 여왕이 옥좌에 앉아 있었고 12마리의 동물과 새가 기다란 양쪽 심사위원석에 앉아 있었어요. 심사위원석 가운데 탁자 위에 빨간 리본이 묶인 전동자전거가 놓여 있었지요.

'저 자전거 누군가에게 선물로 주는 건가? 나한테 주면 좋겠다.'

토끼가 트럼펫을 세 번 불고 두루마리를 펴서 읽어 내려가기 시작했어요.

"지난여름, 하트 여왕님께서 제게 전동자전거를 선물로 주셨습니다. 그런데 앨리스라는 소녀가 이 자전거를 너무도 가지고 싶어해서 이곳 이상한 수학나라까지 쫓아와 기본 단계의 수학 문제를 모두 통과하였습니다."

토끼의 말에 앨리스와 히파티아는 이곳까지 쫓아왔다고 여왕이 '목을 쳐라!' 하고 외칠 것만 같아 가슴이 조마조마했어요. 하지만 걱정과는 달리 심사위원들이 일제히 격렬하게 박수를 치는 게 아니겠어요?

"훌륭해, 앨리스~."

"축하해!"

갑작스런 상황에 어리둥절해진 앨리스는 두근두근한 가슴으로 히파티아의 손을 꼭 잡았어요. 토끼가 다시 말을 이었지요.

"여왕님, 이제 앨리스가 마지막 단계의 문제를 풀도록 해서 정답을 맞히면 우리가 준비해 둔 상을 주는 일만 남았습니다."

"앨리스. 벌이 아니라 상이래, 상."

"혹시 저 전동자전거가 상일까요?"

히파티아와 앨리스는 기대감에 미소를 지었어요. 그러자 하트 여왕이 꾹 닫고 있던 입을 열었답니다.

"체력과 사고력을 모두 요하는 기본 단계를 다 통과한 게 확실하겠지? 난 평결을 뒤집는 게 제일 싫으니까."

"네, 4단계를 모두 거뜬히 통과했습니다."

각 배심원들이 앉은 테이블의 전광판에 12개의 ○표가 하나씩 나타났어요.

"그래? 그럼, 마지막 문제를 풀면 전동자전거를 선물로 주도록 해!"

"문제를 풀면 정말로 전동자전거를 타도 된다는 거죠? 진짜 저 주시는 거예요."

두 손을 꼭 잡으며 앨리스가 전동자전거 쪽으로 다가가려 했어요. 그러자 황급히 토끼가 끼어들었어요.

"앨리스, 아직 아니야. 그 전에 풀어야 할 마지막 단계 문제가 있다니까."

바로 그때 전시되어 있는 전동자전거 위에 커다란 스크린이 내려왔어요.

〈 시상 내역 〉
대상. 전동자전거 평생 이용권
금상. 전동자전거 1년 이용권
은상. 전동자전거 1달 이용권
동상. 전동자전거 1주일 이용권

"4문제를 출제하여 맞힌 개수에 따라 전동자전거를 이용할 수 있어."

앨리스의 눈에는 평생이라는 단어만 커다랗게 보였어요.

"문제를 모두 맞히면 저 전동자전거가 내 거라는 거지?"

"첫 번째 출제자!"

토끼가 큰 소리로 외치자 첫 번째 출제자인 모자 장수가 나타났어요. 그는 한 손에는 찻잔을, 다른 손에는 버터 바른 빵 한 조각을 들고 입장했지요.

"이런 모습으로 나타나서 죄송합니다, 여왕마마. 하지만 차를 마시던 중에 나와서요."

"다 마시고 왔어야지. 도대체 차를 언제 마시기 시작했나?"

여왕이 화난 목소리로 물었어요.

산쥐가 모자 장수 뒤를 따라 나타나서는 커다란 주사위 2개를 던져 주었어요. 모자 장수는 얼른 찻잔에 남은 차를 마시고 빵은 산쥐에게 고맙다며 줬어요.

"어서 문제를 출제하시오."

토끼는 모자 장수를 재촉했어요.

"앨리스, 주사위에서 마주 보는 면의 눈의 합이 얼마인지 알아?"

"당연히 알죠. 럭키 세븐, 7이죠."

"그래. 주사위에서 마주 보는 면의 눈의 합이 항상 7이 되는 걸 '주사위의 칠점원리'라 하지. 내가 가진 주사위 내부에는 자석이 들어 있어서 이렇게 면을 붙일 수가 있어."

모자 장수가 양손에 들고 있던 주사위를 가까이 가져가자 주사위가 서로 잡아당겨 척하고 붙었어요.

"이렇게 붙이면 어떤 도형이 되지?"

"길쭉한 직육면체가 됩니다."

'뭐야? 마지막 단계가 왜 이렇게 쉬워.'

앨리스는 첫 번째 문제를 너끈히 통과할 수 있을 것 같은 자신감이 생겼어요.

2개의 주사위를 붙였을 때 겉면의 눈의 합을 가장 크게 만들고 그 합을 말하시오.

모자 장수가 주사위를 앨리스에게 주었어요. 앨리스는 자석이 들어 있는 주사위가 신기하기도 하고, 많은 심사위원과 여왕까지 지켜보는 가운데 문제를 풀자니 당황스러웠어요. 하지만 오로지 상을 받아야겠다는 일념으로 주사위를 이리저리 붙여 보았어요.

"겉면의 눈의 합을 크게 하려면 가장 작은 눈 1끼리 이렇게 붙이면 되겠다."

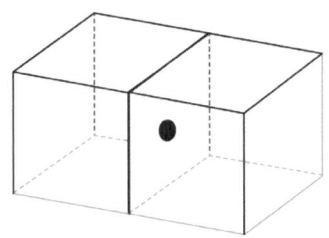

"그러면 주사위 하나의 합이 2+3+4+5+6=20이니까 두 주사위의 합은 40이에요."

심사위원들이 일제히 통과 버튼을 누르자 또다시 12개의 전광판에 ○표가 나타나고 토끼가 트럼펫을 불었어요.

여왕이 갑자기 안경을 쓰더니 히파티아를 노려보며 말을 꺼냈어요.

"히파티아. 혹시 이 문제의 조건에서 주사위를 3개 붙이는 걸로 바꾸었을 때 합을 쉽게 구하는 방법이 혹시 있나? 여기 심사위원들은 주사위의 개수가 많아지면 눈의 합을 하나씩 더하는 방법을 구하기가 까다롭다며 쩔쩔맨단 말이야."

아무 생각 없이 앨리스를 지켜보던 히파티아의 얼굴이 약간 하얗게 질렸다가, 생각이 정리됐는지 곧 안도하며 설명을 하기 시작했어요. 모자 장수가 휘리릭 다가와 자석 주사위를 가져다주었지요.

"물론 있죠. 이 문제의 핵심은 겉면의 눈의 '합'만 구하면 되는 거라는 사실을 기억하세요. 앨리스처럼 2개의 주사위를 연결한 다음 주사위를 하나 더 연결하면, 가운데 놓이는 주사위는 한 쌍의 마주 보는 면이 보이지 않게 되고 그 합은 1+6=7입니다. 여기에 세 번째 주사위의 눈은 1을 보이지 않게 연결하면 됩니다."

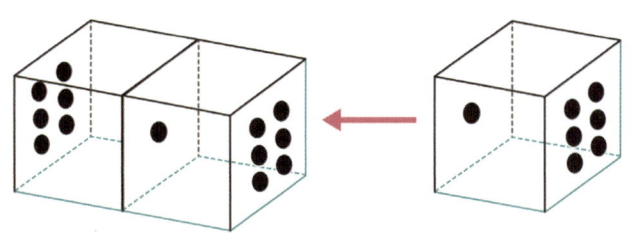

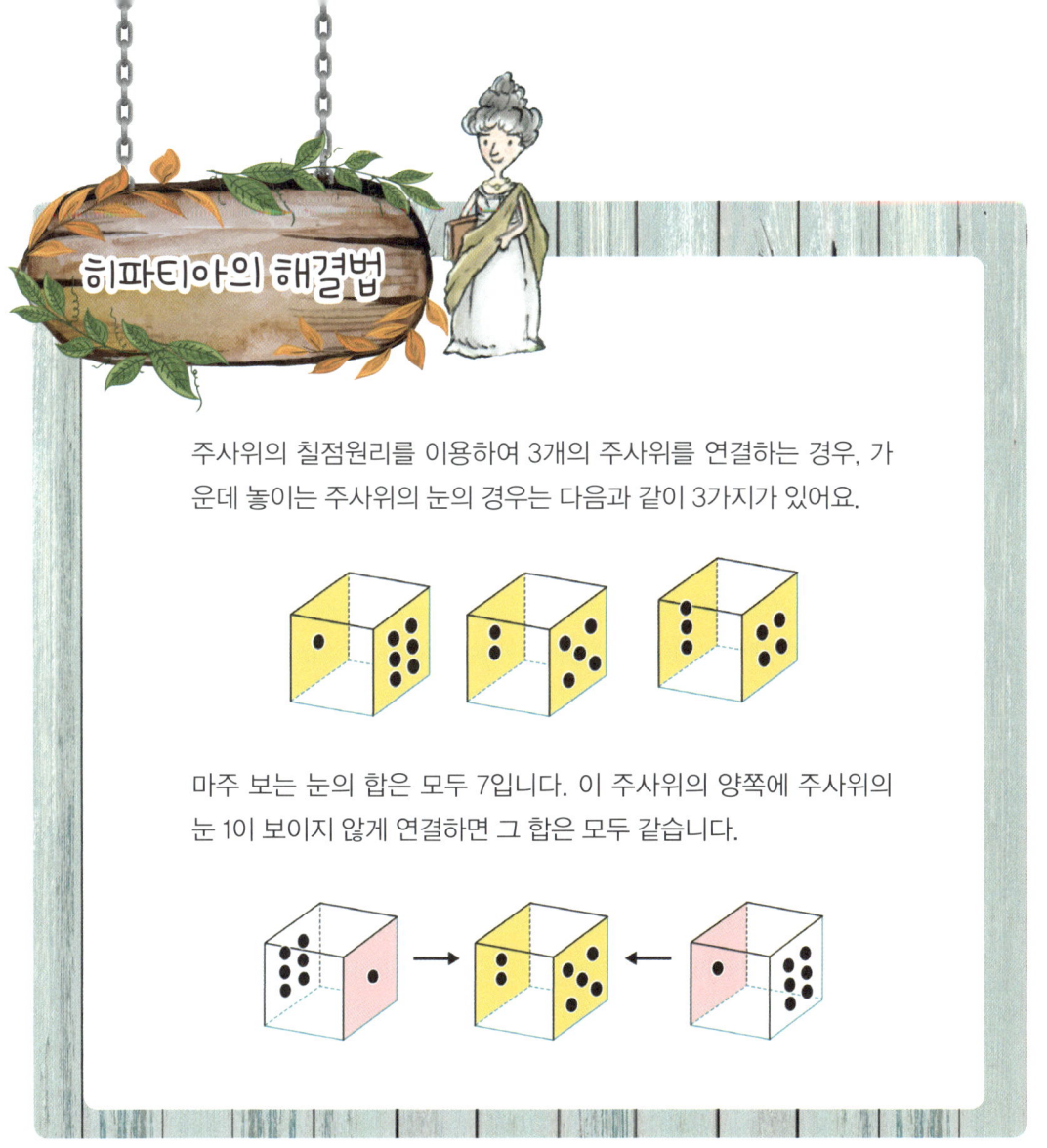

히파티아의 해결법

주사위의 칠점원리를 이용하여 3개의 주사위를 연결하는 경우, 가운데 놓이는 주사위의 눈의 경우는 다음과 같이 3가지가 있어요.

마주 보는 눈의 합은 모두 7입니다. 이 주사위의 양쪽에 주사위의 눈 1이 보이지 않게 연결하면 그 합은 모두 같습니다.

"아, 마주 보는 눈의 합이 7이라는 사실을 이용하면 된다는 거군. 그러면 합은?"

"안쪽 2개의 주사위 겉면의 합은 7×2=14이고, 바깥쪽 주사위의 눈의 합은 7×3-1=20입니다. 따라서 3개의 주사위의 눈의 합은 20×2+14×1=54입니다."

"수학 문제를 풀 때는 당황하지 말고 조건을 기억하고, 차례차례 풀어나가면 되는군. 역시 수학자는 다른걸. 문제 출제를 계속 진행하도록."

앨리스는 벌써 한 달 이용권을 획득했다는 사실에 기쁨을 감출 수 없었어요.

"두 번째 출제자~."

"어휴. 이제 할 일을 했으니, 얼른 가서 토스트를 곁들여 차를 한 잔 마셔야겠어."

모자 장수가 주사위를 챙겨서 사라지자, 이어 독수리의 날개와 사자의 몸뚱이를 가진 무시무시한 괴물이 나타났어요. 앨리스는 이제 여왕보다 괴물이 더 무서웠어요.

"히파티아 님, 출제자가 너무 무서워요."

"앨리스 안심해. 저건 단테라는 작가의 작품 『신곡』에 등장하는 그리폰이라는 전설 속 괴물이야. 이렇게 직접 보게 될 줄이야."

그리폰이 두 눈을 비비자 여왕이 그리폰을 다그쳤어요.

"게으름뱅이야, 아직도 잠에서 덜 깬 거야? 어서 여기 있는 앨리스에게 문제를 출제해!"

그리폰이 보물지도 같은 낡은 지도를 하나 펼치며 말을 했어요.

> 길이가 20cm인 철사를 이용하여 직사각형의 넓이가 가장 클 때와 가장 작을 때를 각각 구하시오.
> (단, 사각형의 한 변의 길이는 자연수여야 한다.)

 말을 마치자마자 그리폰은 바닥에 웅크리고 앉아 눈을 감아 버렸어요. 그리폰이 눈을 감으니 무서움이 덜해져서 앨리스는 한결 마음이 편해졌어요.
 "둘레의 길이가 같으면 넓이가 같지 않을까?"
 히파티아가 곁에서 앨리스를 향해 외쳤어요.
 "하나씩 직접 만들어 봐. 잔머리만 굴리지 말고."
 앨리스는 철사를 반으로 접어 보았어요.

 "가로와 세로의 길이의 합은 20cm÷2=10cm네. 문제 조건이 각 변의 길이가 자연수여야 하니까."

9cm

1cm

"좋아. 천천히, 차례대로 하나씩."

토끼가 히파티아의 말을 가로막으며 외쳤어요.

"히파티아 님, 더 이상의 힌트를 말하면 이 문제는 실격 처리하겠어요."

"이건 힌트가 아니라 그냥 응원이에요."

배심원들이 고개를 끄덕였어요.

"앨리스, 얼른 문제를 해결해. 이러다가 저 그리폰이 잠들어 버리

겠어. 그리폰은 한 번 잠을 자면 24시간 동안 꼼짝도 않는단 말이야."

여왕이 앨리스를 재촉했어요.

"풀고 있어요. 가로의 길이를 1cm로 하면 세로가 9cm니까, 넓이는 1cm×9cm=9cm²네요. 어디 표를 만들어서 비교해 볼까?"

앨리스는 바닥에 놓인 막대기를 이용해 표를 만들어 길이를 하나씩 써 내려갔어요.

가로(cm)	1	2	3				
세로(cm)	9	8	7				
넓이(cm²)	9	16	21				

"어라, 가로와 세로의 길이 차이가 줄어드니까 넓이가 더 넓어지는구나. 그렇다면 가로와 세로의 길이가 같으면 넓이가 가장 넓을까?"

앨리스는 표를 다시 완성해 나갔어요.

가로(cm)	1	2	3	4	5	6	
세로(cm)	9	8	7	6	5	4	
넓이(cm²)	9	16	21	24	25	24	

"가로와 세로의 길이가 바뀐 경우는 넓이가 똑같네. 찾았어요. 가장 큰 넓이는 25이고 가장 작은 넓이는 9예요."

앨리스가 정답을 말하는 순간 심사위원들이 통과 버튼을 일제히 눌렀어요. 어김없이 12개의 전광판에 ○표가 나타나고 토끼가 트럼펫을 더 크게 불었어요.

여왕이 또다시 히파티아를 쳐다보았어요. 히파티아는 아까와 달리 당황하지 않았어요.

"히파티아. 자꾸 질문을 해서 좀 미안하지만, 앨리스가 문제를 풀어 이용권을 획득하는 대신 우리 심사위원들의 수학 수준도 좀 높여 줘야겠네."

"뭐든 물어봐요. 좀 심심하던 차에 오랜만에 수학에 대해 설명하니까 기분이 상쾌하네요."

심사위원들의 표정이 시큰둥했어요.

"길이가 10m인 끈을 이용하여 한쪽 벽면을 경계로 직사각형 모양의 울타리를 만드는 경우에도 앨리스가 푼 것처럼 풀면 되는 건가?"

"아~ 이 경우는 한쪽 벽면을 활용하여 울타리를 만드는 경우니까 둘레 길이의 반으로 접으면 안 되죠. 천천히 직접 한 번 만들어 봅시다. 모든 걸 머리로만 생각하지 말고 이렇게 그림을 그려서 생각해 보면 훨씬 쉬워요."

"이런 모양이 되니까, 가로는 1개, 세로는 2개가 필요하므로 세로의 길이를 기준으로 천천히 구하면 됩니다. 이 문제도 한 변의 길이는 자연수여야겠죠?"

"맞아. 변의 길이는 모두 자연수여야 해."

심사위원 중 한 명이 대답했어요.

"수학 문제는 풀기 전에 조건을 정확하게 확인해야 해요. 바꾸어 말하면 출제하는 사람도 정확하게 조건을 제시해야 하지요."

가로(m)	1	2	3	4
세로(m)	8	6	4	2
넓이(m^2)	8	12	12	8

"그럼 혹시 일부러 세로를 기준으로 한 이유가 있는 건가? 가로의 길이를 기준으로 구하면 안 되는 건가?"

조건을 말했던 심사위원이 궁금해하며 말했어요.

"안 되는 건 아니고요. 한 번 같이 해결해 봅시다."

가로(m)	1	2	3	4	5	6	7	8
세로(m)	4.5	4	3.5	3	2.5	2	1.5	1
넓이(m^2)	4.5	8	10.5	12	12.5	12	10.5	8

"오~, 가로의 길이를 기준으로 하니 세로의 길이가 소수가 되기도 하는걸. 다 이유가 있었군. 세로의 길이부터 풀어야 하는 이유를 알 수 있는 방법도 있나요?"

히파티아는 미소를 지었어요.

"그럼요. 세로의 길이는 양쪽에 2개이므로 가로의 길이부터 생각하면 남은 길이를 이등분해야 하므로 세로 길이가 소수가 되죠. 하지만 세로의 길이부터 먼저 생각하면 가로의 길이는 항상 자연수가 되죠."

여왕이 흐뭇해했어요.

"앨리스의 등장은 우리에게도 정말 행운인 것 같군. 이렇게 수학자에게 직접 한 수 배울 기회를 얻게 되다니. 우리 심사위원의 수준이 높아지면 이 이상한 수학나라의 수학 수준도 한 단계 높아지는 계기가 되는 거지."

앨리스는 어깨를 으쓱했어요. 얼떨결에 들어선 이상한 수학나라에서 황당한 일도 많았지만, 이제 곧 상을 받을 시간이 다가오고 칭찬까지 들으니 뿌듯함으로 가슴이 벅차올랐지요.

 그런데 갑자기 웅크리고 앉아 있던 그리폰이 일어서며 날개를 퍼덕였어요. 하지만 이제는 그리폰이 무섭지 않았어요. 오히려 혹시 어디가 아픈 건 아닌지 걱정이 되었지요.
 "앨리스, 넌 앞으로 수학을 즐기게 될 거야. 난 상상 속의 존재니까 언젠가 다시 바닷속 학교에서 만나게 될지도 모르지. 난 먼저 가짜 거북을 만나러 갈게."

그리폰은 이해할 수 없는 말을 남기고는 독수리의 날갯짓으로 하늘을 향해 날아올랐어요.

토끼는 트럼펫을 한 번 불더니 다시 퀴즈를 진행했어요.

"세 번째 출제자 얼른 나오게."

거북이 엉금엉금 기어 나오며 말을 하기 시작했어요.

"방금 그리폰이 여기서 문제를 출제한 거 맞죠? 그리폰을 만나러 왔거든요."

"그리폰은 방금 저 하늘로……."

하늘을 올려다보니 그리폰의 흔적도 보이지 않았어요.

"방금 바닷속 학교에 간다는 말을 남기고 벌써 날아가 버렸어. 그런데 바다로 간다면서 왜 하늘로 날아간 걸까?"

앨리스가 거북에게 말하자마자, 거북의 눈에서 눈물이 주르륵 흘렀어요.

"내가 그 먼 길을 이렇게 기어서 찾아왔는데 나를 만나러 가 버리다니, 다시 돌아가려니까 앞이 캄캄하네."

"어서 문제를 말하고 냉큼 쫓아가게나."

여왕이 거북에게 문제만 내고 가도 좋다고 말했어요.

"네, 감사합니다."

가짜 거북은 문제를 내자마자 그리폰을 만나러 다시 기어나갔어요.

한글의 자음 중에서 선대칭도형이면서 점대칭도형인 것을 찾으시오.

ㄱ ㄴ ㄷ ㄹ ㅁ ㅂ ㅅ
ㅇ ㅈ ㅊ ㅋ ㅌ ㅍ ㅎ

앨리스는 이제 문제의 조건이 무엇인지를 척척 따졌어요.
"선대칭도형이면서 점대칭도형이어야 하니까 먼저 선대칭도형부터 찾은 다음 그중에서 점대칭도형을 찾으면 되겠네."
앨리스는 자음들에 대칭축을 하나씩 긋기 시작했어요.

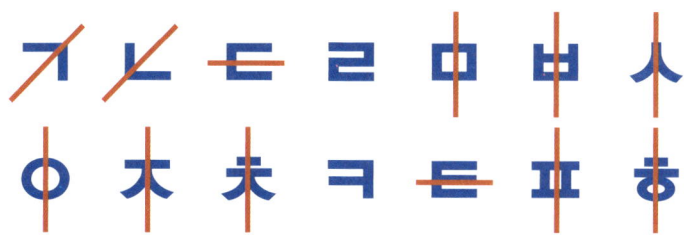

"선대칭도형은 12가지예요."

"이 자음을 180도 돌려도 처음 도형과 같은 자음을 찾으면 돼요. 즉 정답은 ㅁ, ㅇ, ㅍ입니다."

세 번째 문제를 해결한 앨리스를 향해 모두 환호성을 보내며 통과 버튼을 눌렀어요. 이제 마지막 한 문제만 해결하면 전동자전거를 마음껏 탈 수 있다고 생각하니 앨리스는 마음이 조급해졌어요. 마지막 네 번째 문제를 빨리 풀어 버리고 싶었지요.

앨리스가 여왕을 향해 한마디 던졌어요.

"여왕폐하, 이번에는 곧바로 마지막 문제를 풀게 해 주세요. 히파티아 님께 질문하시지 말고요. 얼른 문제를 해결하고 싶어요."

"수학 문제를 얼른 내라고 하다니, 너 정말 이러다가 나처럼 수학자가 되는 거 아닌지 모르겠구나."

히파티아의 말에 앨리스는 자신도 모르게 수학 문제 앞에서 당당해졌다는 사실에 당황해하면서도 뿌듯했어요.

토끼가 트럼펫을 울리더니 말을 꺼냈어요.

"마지막 문제는 나의 자전거를 앨리스에게 아예 주느냐, 마느냐의 상황이므로 내가 직접 문제를 내겠어. 앨리스, 정말 준비되었나. 이번 문제의 중요성은 알고 있지? 틀리면 1년 뒤 나에게 다시 돌려줘야 해."

"준비되었어요. 출제하세요."

"마지막 문제는 설명이 좀 필요해. 혹시 한붓그리기란 말을 들어본 적 있니?"

"네, 이렇게 별을 연필을 떼지 않고 한 번에 그린다는 말이잖아요."

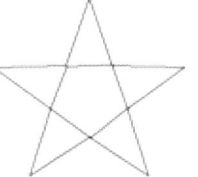

앨리스는 바닥에 별을 쓱쓱 한붓그리기로 완성했어요.

"그래 맞아. 한 점에서 출발하여 연필을 종이에서 떼지 않고 도형의 모든 부분을 다 그리는 것을 한붓그리기라고 하지. 도형에서 한 꼭짓점에 연결된 변의 개수가 홀수일 때에 그 점을

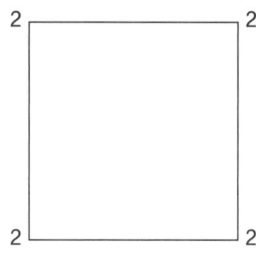

홀수점, 짝수일 때에 그 점을 짝수점이라고 해. 이 사각형의 각 꼭짓점이 홀수점인지, 짝수점인지 확인해 봐."

"각 꼭짓점마다 변이 2개씩 연결되어 있으니까 모두 짝수점입니다."

"맞아. 이제 문제를 내겠어."

토끼는 사각형에 대각선을 그은 다음 문제를 말했어요.

두 도형의 각 꼭짓점이 홀수점인지 짝수점인지를 확인한 후, 한붓그리기가 가능한지를 확인하시오. 그리고 한붓그리기가 가능한 도형의 특징을 말하시오.

 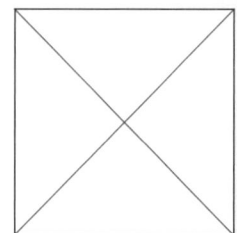

앨리스는 도형에 홀수점과 짝수점을 표시한 다음 한붓그리기를

그리기 시작했어요.

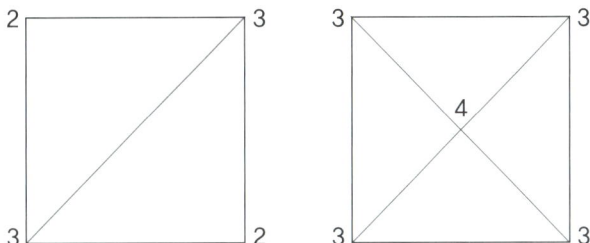

대각선이 1개인 도형부터 한붓그리기를 도전했어요. 짝수점에서 시작했더니 변 1개를 그릴 수가 없고, 홀수점에서 출발하니 한붓그리기가 가능했어요.

"어, 똑같은 도형인데 짝수점에서 시작하면 안 되고, 홀수점에서 시작하면 가능하네. 어디서 시작하느냐가 문제가 되는구나."

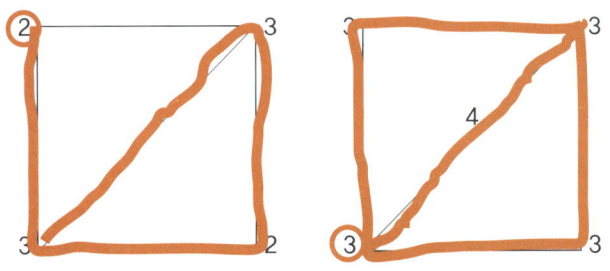

모두들 일제히 숨을 죽이고 앨리스의 말과 행동에 집중했어요. 토끼는 왠지 앨리스가 해결할 것만 같은 불길한 예감이 들어 자전거를 빤히 쳐다봤어요. 앨리스는 대각선이 2개인 방석 모양의 도형을 바라보고는 고개를 갸우뚱거렸어요.

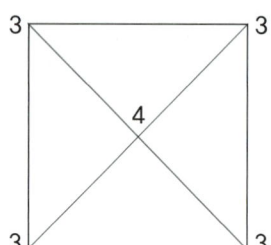

"이것도 홀수점에서 한 번 도전해 봐야겠다."

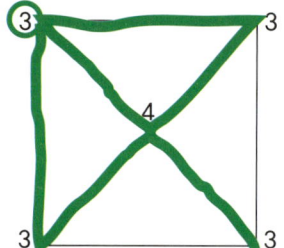

첫 번째 실패! 앨리스는 바로 다시 도전했어요.

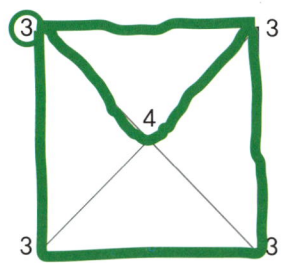

두 번째도 실패! 앨리스가 조금 당황하더니 이번엔 가운데 짝수점에서 시작했어요.

결과는 마찬가지로 실패였어요. 앨리스는 세 도형의 그려진 모양에서 공통점을

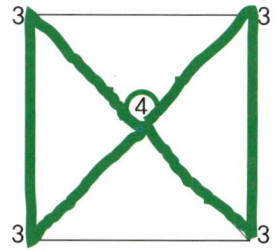

발견했어요.

"엇, 각각 2개의 변을 못 그렸어. 그렇다면 이건 한붓그리기가 불가능한 도형인 거 같아."

"좋아, 이제는 그릴 수 있는 경우와 그릴 수 없는 경우의 차이점을 찾으면 돼. 성공이 코앞에 온 거 같아."

다들 흥분하여 히파티아의 훈수를 아무도 말리지 못했어요.

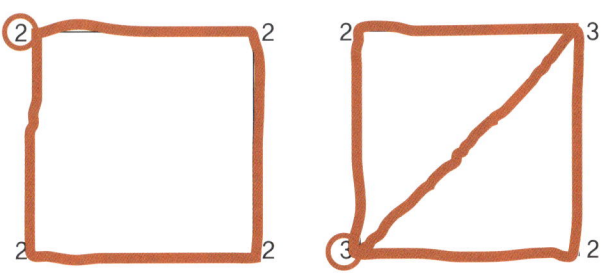

"모든 점이 짝수점인 도형은 어느 점에서 시작해도 한붓그리기가 가능했고, 홀수점이 2개인 경우에는 시작을 홀수점에서 하니, 홀수점에서 도착했어. 그렇다면 홀수점이 2개인 도형은 홀수점에서 한붓그리기가 가능하네."

"한붓그리기가 가능한 도형은 잘 찾았군. 그렇다면 한붓그리기가 가능한 도형의 특징을 설명할 수 있겠나?"

자신감에 찬 앨리스가 설명을 시작했어요.

"짝수점만으로 된 도형은 어디에서 출발하여 그려도 마지막에는

제자리로 돌아오는 한붓그리기가 가능해요. 홀수점이 2개인 도형은 한쪽 홀수점에서 출발하여 나머지 홀수점에서 끝나는 한붓그리기가 가능한데, 홀수점 이외의 지점에서 출발하면 한붓그리기는 불가능하게 되지요."

 12명의 심사위원들, 여왕폐하, 왕이 기뻐하면서 다 함께 박수를 치며 일어섰어요. 심사위원들은 놀라서 얼른 통과 버튼을 눌렀지요. 이번에는 전광판에 동시에 파란색 불이 켜지더니 폭죽이 터졌어요.

"앨리스, 넌 이상한 수학나라 최초의 수학왕이 되었어. 축하해!"

여왕이 앨리스 앞으로 다가와서 악수를 청했어요.

"난 그동안 이 이상한 수학나라가 어린이들에게 수학의 기쁨을 선물하는 장소가 되게 만들려고 얼마나 고생했는지 몰라. 이렇게 오픈도 하기 전에 황당하게 토끼를 쫓아온 네가 모든 문제를 통과하다니."

토끼는 자전거를 내려서 여왕 앞으로 가져왔어요.

"여왕마마. 첫 번째 수학왕에게 상품 전달식을 하시지요."

앨리스는 토끼의 환한 미소에 어안이 벙벙했어요. 자신의 자전거를 남에게 주게 되어 슬퍼할 줄 알았는데 그 누구보다 기뻐하고 있었거든요.

여왕이 자전거를 토끼에게 건네 받아 앨리스에게 전달했어요.

히파티아와 모든 심사위원들, 문제 출제자들이 다 같이 박수를 치며 앨리스에게 다가왔어요. 그리고 축하한다는 찬사와 격려의 말을 전했어요.

앨리스는 리모컨을 만지작거리면서 환한 미소를 지었어요. 저 멀리서 그동안 만났던 사람들이 정원사를 선두로 줄을 지어 걸어오고 있었어요. 모두 한자리에 모이자 여왕이 큰 소리로 외쳤어요.

"모두들 그동안 맡은 역할을 수행하느라 수고가 많았네. 내일 예정대로 이상한 수학나라 정식 오픈식을 거행해도 되겠어. 앨리스, 이제 그렇게 소원하던 전동자전거 시승식을 해 봐야지 않겠어?"

"정말요? 제가 타도 되나요?"

토끼를 힐끔 쳐다보자 토끼는 양손을 뻗어 절레절레 흔들었어요.

"이건 이제 내 것이 아니야. 앨리스 너의 것이야. 영원히!"

"정말 고마워요."

히파티아는 앨리스가 전동자전거 타는 것을 도와주었어요. 앨리스가 리모컨을 작동시키자 자전거가 스르르 움직이기 시작했어요.

"저 끝까지만 한 번 갔다 올게요."

"그래, 얼른 갔다 돌아오렴."

토끼가 말했어요. 앨리스는 속력을 조금씩 높였어요. 슬며시 눈을 감은 채 바람의 시원함을 느끼며 앨리스는 '이게 설마 꿈은 아니겠지' 하고 살짝 걱정을 했어요.

처음에는 두려웠던 이상한 수학나라가 한순간 물거품으로 사라질까 봐 걱정되기도 했어요.

신나게 달리다 저 멀리 환한 빛이 보였어요. 그리고 잠시 후 이상한 수학나라 입구에 도착했어요. 앨리스는 '분명 끝이 보이는 복도였는데 어떻게 내가 여기에 서 있지?' 하고 내심 놀랐지요.

'다들 어디로 간 거야?'

앨리스는 더욱 힘을 주어 씽씽 달렸어요. 그런데 저 앞에 언니가 화난 얼굴로 서 있지 뭐예요?

"너 도대체 어딜 갔다 온 거니. 동생을 두고 혼자 왔다고 엄마한테 얼마나 혼난 줄 알아? 게다가 황당한 택배까지 보내고."

"꿈이 아닌 현실이라니. 게다가 자전거도 사라지지 않았다니!"

중얼거리는 앨리스에게 언니가 다그쳤어요.

"너 이건 뭐니? 평소에 엄마에게 사 달라고 조르던 바로 그 자전거잖아. 어디서 난거야?"

"토끼가 줬어. 아니, 내가 수학왕이 되어 상으로 받았어."

언니는 알아들을 수 없는 앨리스의 이상한 소리에 투덜거렸어요.

"앨리스, 엉뚱한 소리 말고 저녁이나 먹으러 가자. 너 찾느라고 몇 시간 동안 동네를 뛰어다녔더니 배가 얼마나 고픈지 몰라. 몇 바퀴를 돌았는지 알아?"

앨리스는 생각에 잠겼어요.

"도대체 이상한 수학나라는 어떤 모양으로 생긴 곳일까. 어떻게 다시 입구로 온 걸까. 그냥 원 모양은 아닌 거 같은데."

앨리스는 언니의 손에 끌려 집으로 돌아가며 생각에 잠겼어요.

'자고 일어나서 내일 오픈하는 이상한 수학나라에 갈 테야! 언니에게 알려줄까 말까~.'

앨리스의 입가에 빙그레 미소가 맴돌았어요.

내용 정리

직사각형의 넓이는 (가로)×(세로)이고
직사각형의 둘레는 (가로+세로)×2예요.

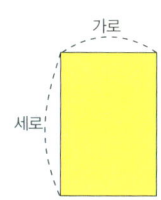

평행사변형의 넓이를 2가지 방법으로 구하기

① 직사각형 모양으로 바꾸기

색칠된 부분을 잘라 왼쪽으로 이동하여 붙여 주면 직사각형 모양이 돼요. 평행사변형의 넓이는 직사각형의 넓이가 되므로 (가로)×(세로)이지요.

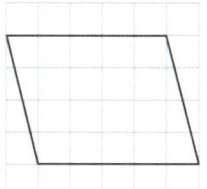  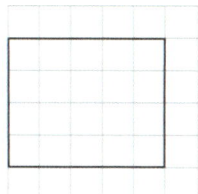

평행사변형의 넓이 = (밑변)×(높이)

② 삼각형 넓이 이용하기

대각선 방향으로 자르면 2개의 삼각형으로 나누어져요.

평행사변형의 넓이 = $\dfrac{(밑변 \times 높이)}{2} \times 2$ 랍니다.

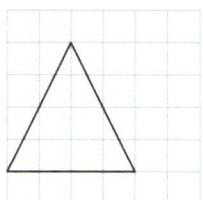 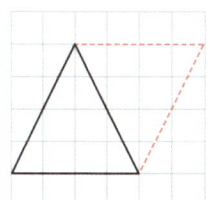 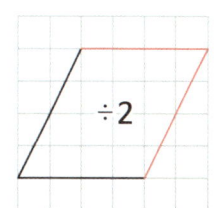

히파티아가 들려주는
생활 속 수학 이야기

뫼비우스 띠로 하트 만들기

"얘들아, 오늘은 토끼 굴로 들어갔던 앨리스가 어떻게 도로 제자리로 돌아올 수 있었는지 생각해 볼까?"

"글쎄요. 우리들의 머리로는 잘 이해가 안 되는데요."

"그러니까 너희들한테 내가 필요한 거야. 너희들 유치원 때, 아니 어렸을 때 색종이로 고리를 만들어 길게 연결해서 성탄절 때 장식했던 거 기억하지?"

"그럼요. 색종이로 알록달록하게 긴 고리를 만들면 유치원에선 선생님이, 집에서는 엄마가 창문에 매달아 주곤 했었어요."

"굿, 그때의 기억을 되살려서 고리를 한 번 만들어 볼까?"

"그거야 누워서 식은 죽 먹기죠."

"자, 고리를 다 만들었다면 이번에는 고리를 그냥 붙이지 말고 한 번 꼬아서 붙여 봐."

"히파티아 님, 다 했어요."

"이런 모양 본 적 있니?"

"글쎄요. 본 것도 같고, 처음인 것 같기도 하고 그러네요."

"이 도안은 세계 공통으로 사용하는 재활용 로고야."

"아, 맞아요. 과자 봉지에도 있고, 재활용할 수 있는 포장 상자에서도 본 적이 있어요."

"대한민국의 어느 이동통신사 로고도 이것을 응용한 거라고 하더라. 이렇게 한 번 꼬아서 만든 도형을 '뫼비우스 띠'라고 불러."

"히파티아 님, 이 띠를 로고용 외에 어디에 사용해요?"

"어린애 장난 같은 생각이지만 이 원리로 에스컬레이터 핸드레일을 만들었대. 앞, 뒤로 사용하므로 수명이 두 배 길어져서 아주 경제적이래. 대형마트의 계산대 역시 같은 원리란다."

"그럼, 뫼비우스라는 말은 무슨 뜻이에요?"

"으응, 그건 독일의 수학자인 뫼비우스라는 사람이 처음으로 생각해 낸 도형이라 그 사람 이름을 붙여 준 거야."

"그런데 어떻게 이런 띠를 발견했나요?"

"뫼비우스가 해변으로 휴가를 떠났을 때 일인데, 밤에 날아드는 파리 때문에 잠을 이루지 못했대. 그래서 고심하다가 띠의 양면에 접착제를 바른 뒤 띠를 반 바퀴 돌려 양끝을 서로 연결한 뒤 기둥에 걸어 두었어. 그러고 나서 양면에 가득 달라붙은

파리를 보고 아이디어를 얻었다는 이야기가 있어."

"자세히 보니까 꽈배기 꼬듯이 한 번 꼬아준 것뿐이잖아요. 별 것도 아닌 거 같은데 그 사람 이름까지 붙여 주나요?"

"한 번 꼬아서 새로운 도형을 처음으로 생각해 낸 것은 대단한 일이야. 지구가 둥글다는 사실을 몸소 확인하려다가 신대륙을 발견한 콜럼버스의 달걀처럼 말이야. 남이 생각하지 못한 것을 처음 시도한다는 것은 창의성이 필요한 일이니까. 내가 오늘 너희들에게 가르쳐 주려는 것은 그냥 단순한 뫼비우스 띠가 아니야. 예쁜 하트를 만들어 주려고 한단다. 너희 나라 사람들은 하트를 무척 좋아해서 사진 찍을 때는 팔로 하트를 그리기도 하고, 헤어지는 인사를 할 때는 엄지와 검지로 하트를 만들기도 하더구나."

"맞아요. 우린 손가락으로 V를 그리든가, 하트 만드는 것을 매우 좋아해요."

"애들아, 잘 봐, 지금 내가 기다란 종이를 가지고 그냥 붙인 경우, 한 번 꼬아서 뫼비우스 띠를 만든 경우, 두 번 꼬아서 붙였을 때의 차이를 보여 줄게. 종이의 중간에 선을 긋고 붙여서 선대로 자르면 똑같은 것이 두 개 만들어졌어. 하지만 뫼비우스 띠를 만들어서 가운데 선을 따라 자르면 두 번 꼬인 기다란 뫼비우스 띠가 만들어졌지. 그런데 두 번을 꼬아서 붙인 후에 선을 따라 자르면 요렇게 두 개의 하트가 만들어진단다."

"우와~ 정말 신기하네요."

"뫼비우스 띠는 디자이너, 조각가, 화가 등 많은 사람들이 사랑하는 도형이야. 심지어는 이 도형을 건축에 활용한 건축가도 있단다. 한마디로 말해서 이 도형의 특징은 경계선이 없고, 안과 밖을 구별할 수 없다는 것이지."

"아~ 그래서 앨리스가 들어갔던 토끼 굴로 한 바퀴 돌아서 나올 수 있었던 거군요."

"그렇지, 그렇고말고."

"알 것도 같고 모를 것도 같고 그러네요."

"너희들이 학교에서 배우는 도형이란 삼각형, 사각형, 사다리꼴, 평행사변형 같은 평면도형의 넓이를 구하고, 정육면체, 직육면체, 각기둥, 각뿔 등의 부피를 구하는 게 다야. 그렇지 않니?"

"그렇죠."

"오늘 내가 설명한 뫼비우스 띠는 사실 수학을 전공하는 언니, 오빠들이 배우는 4차원 도형이라서 꽤 어려운 내용이지. 그런데 내가 설명을 잘하니까 너희들이 쉽게 이해한 거야. 호호호."

"3차원에 살고 있는데 4차원 도형을 어떻게 알 수 있단 말이에요? 믿을 수가 없어요."

"더 자세히 알고 싶은 사람은 앞으로 수학을 전공해 보는 게 어때? 수학이란 진리의 바다는 아름다운 보물이 숨겨져 있는 넓은 바다 같단다. 수학 공부를 열심히 하면 국가 경쟁력을 높이는 애국자가 된다는 점을 잊지 마. 그럼 이만 가 볼게. 안녕~ 행운을 빌어."

"히파티아 님, 안녕! 우리가 또 수학 공부로 힘들어하면 와 주세요."